監修者——五味文彦／佐藤信／高埜利彦／宮地正人／吉田伸之

［カバー表写真］
日光東照宮
（栃木県日光市）

［カバー裏写真］
1990(平成２)年の大嘗宮

［扉写真］
吉田神社大元宮
（京都市）

日本史リブレット 86

江戸時代の神社

Takano Toshihiko
高埜利彦

目次

現在と古代・中世の神社

通りすがりの屋敷内にある小さな稲荷の祠に目をとめることがある。あるいは樹々に囲まれた神社の存在にも気がつく。三重県の伊勢神宮や栃木県の日光東照宮は、訪れたことはなくとも、その存在は聞いたことがあるであろう。島根県の出雲大社も有名であるし、正月の初詣に一番人が訪れる明治神宮や、ニュースでしばしば取り上げられる靖国神社の存在もよく知られている。しかし、皇居のなかに宮中三殿と呼ばれる神をまつる神殿があるのはそれほど知られていない。

宮中三殿の中心に位置する賢所は、江戸時代までの禁裏(京都御所)にあった内侍所▲のことで、天照大神を祭神としてまつる。その両側に並んで立つ神殿

▼**内侍所**　江戸時代の禁裏では、紫宸殿の東側にあり、天照大神の霊代である神鏡を安置し、采女(女官)が護持した。

●——宮中三殿　中央の賢所に退位を報告する天皇(二〇一九〈平成三十一年〉三月)。右が神殿、左が皇霊殿。

▼天神地祇　天の神、地の神の総称。古代の神祇令で、天皇即位に際して天神地祇をまつることを規定する。

は天神地祇▲・八百万神を祭神とするもので、江戸時代までの八神殿を引き継ぐ。もう一つの皇霊殿は天皇家の先祖を神としてまつるもので、江戸時代までは禁裏にあった黒戸御所(位牌所・持仏堂)にあたるものである。宮中三殿では年間におよそ二〇回余りの神事が行われている。そのうち新嘗祭は宮中三殿に近接する神嘉殿(二一ページ参照)を舞台に、天皇がその年の新穀を神に供え、感謝する神事が行われる。十一月二十三日は現在、勤労感謝の日であるが、これは戦前までの祝祭日である新嘗祭を引き継ぐものであった。これら宮中三殿で行われる神事のうち、いくつかは江戸時代から引き継がれた儀式で、国家安穏・五穀豊穣を祈念する、天皇が伝統的に担ってきた祭祀である。

大嘗祭は、新天皇の即位に不可欠とされる儀式で、大嘗宮(悠紀殿・主基殿)をこのためにだけ設ける。応仁の乱(一四六七〈応仁元〉年)以降、歴代の天皇は大嘗祭を挙行できなかったが、江戸時代の一六八七(貞享四)年に二二一年ぶりに再興されてから、一代をあけて歴代天皇によって現在に受け継がれて来た。国の公費を用いて大嘗祭をまかなうことには、現行の日本国憲法の政教分離の観点から疑義を呈する意見もみられる。明治・大正・昭和二十(一九四五)年までの大日本帝国憲法のもとでは、政教（政治と神道）は一致し、国が神社や神事に国費を支出させた。君主として国家を統治する絶対的な権力である天皇は、万世一系の現人神であることを浸透させるために、神道儀式や皇室祭祀を国民の祝日として祝う国家制度が続いた。そのために、それ以前の江戸時代の神社を考えようとすると、厚い帳の向こうに隠され、実像を見極めることが困難になる。本書は、「江戸時代の神社」のタイトルで、江戸幕府のもとで神社や神道、宮中祭祀がどのように存在していたのか、実態を具体的に明らかにする。そのことで、明治期以降、肥大化した神社と、戦後に改まった、現在につながる神社の存在を、客観的に捉え直すことが可能になろう。

ここではまず江戸時代以前の神社について、概観しておこう。古代律令制の神祇官制度は、現在にいたるまでの神社制度の源流となった。神祇官は律令官制の太政官とならぶ二官の一つで、朝廷の祭祀を執行するとともに地方の官社を統括した。朝廷の祭祀は、大嘗祭・祈年祭・月次祭・神嘗祭・新嘗祭などであり、その後も朝廷で受け継がれていった。平安時代の九〇五（延喜五）年編纂が開始された『延喜式』に神祇に関する記載があり、その「神名帳」には各地の神社名が記されている。朝廷祭祀で重要な、その年の五穀豊穣を祈念する祈年祭は、朝廷のみならず全国の神社で行うべき神事であった。天皇は勅使を伊勢神宮に遣わし、幣物▲をたてまつって年穀が豊かであることを祈った。伊勢神宮以外の各地の神社については、神祇官に神社神職を集め、幣物を配布（班幣）し全国の神社に持ち帰らせて、神々に供えて五穀豊穣を祈らせた。神祇官に召集された神社は七三七座あり、神祇官から幣を受け取ることから官幣社と呼ばれた。官幣社に準ずる格式の神社には、国衙に召集して国司から幣物をあたえ、神々に供えさせて、その年の豊穣を祈らせた。これらの神社を国幣社と呼び、全国に二三九五座を数えた。『延喜式』の「神名帳」には官幣社・国幣社あわせて三一三二座が記載されており、これらを式内社と総称した。式内社の下には数多くの神社が村々に存在したのであった。

式内社は全国的にみて、畿内には多いものの、ほとんど存在しない国もあり、偏りがみられたが、これは古代の朝廷の統治権力のおよぶ範囲と照応するものであろう。やがて摂関政治期や院政期になると、神祇官による祈年祭は衰退し、

▼**幣物**　布や絹あるいは魚介・酒など、神に供えるもの。幣は布（麻）・帛（絹布）のこと。

これにかわって、主要な神社に祈年穀奉幣使を発遣するようになった。伊勢神宮・石清水・賀茂・松尾など、一〇八一（永保元）年に二十二社が定まり、五穀豊穣・国土安穏を祈念する天皇の宣命が勅使に渡され神社に遣わされた。これも応仁の乱以後はまったく廃絶した。

地方の国々でも、神祇官の衰退と軌を一にして国幣社の制度は意味をなさず、かわって国司（国衙）が神社を保護管理して序列をつけ、一宮・二宮と名付ける国内の神社の格式が、平安時代中期には重んじられるようになった。鎌倉・室町時代には、守護によって国内神社の格式が受け継がれたほか、有力な神社を総社として他の神社の神々を勧請し、国内の神社を代表させることも行われるようになった。

二十二社や一宮などの古代より続く有力な神社は、荘園制の進展とともに荘園領主として各地に所領をもっていた。しかし武士の隆盛とともに、荘園領主としての得分はしだいに侵害され、戦国時代には朝廷や大神社は荘園領主としての経済的な権利を喪失することになる。

神祇信仰は、奈良時代の鎮護国家仏教や平安時代の密教（真言宗・天台宗）の展開により、神と仏は本来同一であるという神仏習合思想の影響を強く受けるようになった。神社を別当寺▲が支配したり、神社の境内に五重塔などを建立したりする姿は、各所で見出されるようになっていった。

このような状況のなか、戦国時代をへた大小さまざまな神社は、天下統一された織豊期ののち江戸時代を迎えることになる。「江戸時代の神社」の始まりである。

▼**別当寺**　神仏習合思想に基づき神社につくられた寺院。天台宗・真言宗が多い。

①―江戸時代の神社

江戸時代の宗教

ここでは江戸時代に信仰された、仏教など各種の宗教のなかで、神道や神社がどういう位置におかれていたのかを、まず理解しておこう。

江戸時代、人びとはすべて仏教徒であった、という言い方はけっして大袈裟ではない。誰もが自分の檀那寺▲をもち、寺院の檀家となった。上は将軍・天皇に始まり、百姓・町人にいたるまで、神社の神主など神職も例外ではなく檀那寺をもった。天皇や公家たちはもっぱら神道を信仰したのではと思いがちだが、そうではなく、天皇であれば京都東山の泉涌寺▲が菩提寺といえた。禁裏御所内に黒戸御所と呼ばれる位牌所があり、仏式の行事が行われた。なお、黒戸御所は明治維新後に泉涌寺に移築された。将軍家であれば、江戸の芝にある増上寺(浄土宗)が菩提寺であり、ついで上野寛永寺(天台宗)も菩提寺となる。

幕府はキリスト教を禁止し、また日蓮宗不受不施派▲も禁止した。いずれも幕府や藩などの権力よりも、キリスト教や日蓮宗の信仰を上位にするもので、最

▼**檀那寺**　檀家から布施や寄進を受け、葬祭供養をほどこす寺院。檀那寺は檀家がキリシタンでないことを証明する寺請証文を発行した。

▼**泉涌寺**　京都市東山区にある真言宗の寺院。一二四二(仁治三)年四条天皇が葬られて以降、歴代天皇の火葬・土葬が行われ、江戸末期まで天皇家の菩提寺となる。御寺と呼ばれる。

▼**不受不施派**　他宗の信者などから施物を受けず(不受)、他宗の僧に布施をしない(不施)という宗制を厳守する宗派。豊臣秀吉の方広寺千僧供養出仕を拒否して以来、江戸幕府にも抵抗し、弾圧を受け続けた。

上位の権力である幕府によって厳しく弾圧された。つまり幕府は、幕府の認める宗教・信仰だけを存在させたのである。キリスト教や日蓮宗不受不施派を禁止するための方策として、幕府は人びとが檀那寺をもつ檀家となり、檀那寺によってキリスト教徒などではないことを証明してもらう、寺請制度を社会に制度化していった。

そのためにも幕府は、仏教の寺院や僧侶の組織化をまず進める必要があり、本山や本寺に末端の寺院や僧侶を末寺として組織するための権限をあたえた（寺院法度）。こうして、宗派ごとに本山・本寺の配下に末寺を組み込む教団組織（本末制度）が形づくられると、一六六五（寛文五）年には、宗派を超えて仏教寺院の僧侶全体を共通に統制するための諸宗寺院法度を発布した。

江戸時代の誰もが檀那寺をもっていたからといって、仏教以外の宗教や信仰が、キリスト教のように禁止されていたわけではなかった。修験道・陰陽道は本書で扱う神道と同様に、江戸時代の人びとに信仰されたものであった。

修験という言葉は、霊山（富士山・熊野三山▲・羽黒山・御嶽山など各地にある）のもつ超自然の霊力（験）を、厳しい山岳修行などを行って身におさめることであ

▼**熊野三山**　和歌山県（紀伊国）熊野にある熊野本宮大社・熊野速玉大社・熊野那智大社の三社のこと。

る。修験者（山伏）が、火の上を素足で歩行する火渡りをするのは、霊力を身につけた者の威力を、人びとに示す効果をもった。病にかかった娘を救うために、親は修験者に依頼をして、祈禱によって病気の原因となる邪気を祓い、正気を復活させようとした。修験者は山中ですごす時間が長く、薬草を採取し、丸薬を製造して、祈禱の際に服用させることもした。幕末になると、恐れられていた疱瘡（天然痘）予防のために、種痘を行った修験者もいた。村や町に定住していた修験者は、檀家である村人や町人たちから、祈禱の依頼を日常的に受けたほか、遠隔地の霊山や寺社の参詣の先達▲を担うこともあった。その反対に、出羽三山▲の修験者のように、わざわざ房総の村々まで札を配り、講を結んで夏場に檀家たちを出羽三山まで先達するようなこともみられた。出羽三山のほか、吉野・熊野・英彦山のような霊山には一山組織を形成した修験者たちがおり、各地からの参詣者を招き宿泊させる活動を行った。

　陰陽道もまた江戸時代に生きた人びとに信仰された。家を建てる際に吉凶を占い、大黒柱を中心にして艮（丑寅）の鬼門の位置を塞ぎ、水場や雪隠の位置に配慮する家相図を作成した。方位をみて家相図を作成したのは陰陽師であっ

▼**先達**　熊野・富士山など霊山へ参詣者を先導すること、また先導する修験者（山伏）のこと。

▼**出羽三山**　山形県（出羽国）にある三つの霊山。羽黒山・月山・湯殿山をいう。

●──猿回し(『三十二番職人歌合』より作成)

●──万歳(昇亭北寿画)

た。また、旅立ちや普請の日など各種の日取りを占うことも、姓名判断なども陰陽師が行った。庶民だけではなく、大名の花押作成も陰陽師に依頼した。

以上述べてきた僧侶・修験者・陰陽師や本書の対象の神社神職は、村や町に定着していたところに、檀家が祈禱などを依頼しに来るものだが、これらとは別に、檀家や村に外から訪れてくる巡歴の宗教者も存在した。たとえば猿引き(猿回し)は、猿が馬の安全息災に効果あると期待されたり、小児が疱瘡にかかる前に猿と盃すれば軽くすむと信じられたりしたことから、村や町で待たれた。猿に衣装を着け、鉦をならして舞わせ、しかるのちに祈禱料として初穂の銭や御神酒があたえられた。

万歳も新年の寿祝と家内の繁栄を祝う祈禱系の宗教者であった。たとえば尾張知多の万歳の場合、太夫は年末に江戸で相方の才蔵をさがし、関八州の檀那の家々を巡回してまわるが、日蓮宗の家では法華経万歳を、浄土真宗の家では六条万歳を、というように相手の家の宗旨によって、万歳の種類をかえて神棚や仏壇に向かい、一家の安泰を祈念する。厳粛な宗教的な祈禱を終えると、ユーモアを交えためでたい万歳に移った。

竈祓いの盲僧や虚無僧▲・座頭▲、あるいは梓巫女▲なども巡歴してくるが、その存在については地域的な偏差が大きい。その意味では、神社神職は全国的にどこにも存在していた。村落に存在する神社のすべてにいるわけではないが、数カ村の神社を兼帯して存在しており、仏教僧侶ほどは多くないとしても、修験者や陰陽師よりも多く存在し、江戸時代に生きた人びとに影響をあたえた。

国家祭祀

江戸時代の身近にある地域の神社が、全国的に数多く存在していたことを述べてきたが、そのような中小の神社のほかに、伊勢神宮や日光東照宮のような大神社や国を代表するような神社が存在することも知られている。江戸幕府にとって神社や神道はどのような存在であったのかを、これから考えていこう。

江戸時代の国家を統治した幕府は、将軍徳川家を頂点に諸大名や旗本によって形づくられた軍事政権であった。全国の土地所有権を掌握した徳川将軍は、大名・旗本などに知行を御恩として宛行い、軍役・普請役などを奉公としてつとめさせた。将軍は軍事指揮権をもって、大名・旗本たちを動員し、対外戦争

▼**虚無僧**　中世・近世に存在した宗教者。一六〇〇(慶長五)年頃、普化宗を開き、円錐型の編笠を用いて尺八を吹く修行僧として、諸国を回った。

▼**座頭**　江戸時代、門付芸能、按摩・鍼灸治療などを稼業とした男性盲人。当道座の四官(検校・別当・勾当・座頭)の一つ。

▼**梓巫女**　梓の木でつくった弓の弦をならして神がかり状態になった女性(巫女)が、死者の口寄せや祈禱を行い、檀家を巡歴した。

●——虚無僧(『慶長見聞集』より)

に備えたり、国内の敵対者（武家であったり百姓一揆であったり）を鎮圧したりすることができた。戦争などを前提に、武力行使によって権力を維持する性格をもっていた徳川政権は、祈禱によって国家の安全や五穀豊穣を実現するための、装置をみずから十全に形成することはなかった。

天下人になった徳川家康は、江戸の山王神社▲や神田明神▲を鎮守神▲としてまつり、それぞれの神社の祭礼で、山車が江戸城内を巡行することを認め、これを「天下祭」と称していても、両神社が国を代表する天下の神社として位置づけられるものではなかった。徳川政権にとって最重要の神社は、日光東照宮であったが、これについては後述する。

徳川政権は、みずから国家安全・五穀豊穣の祈禱のための装置をもたずに、この役割を古代から伝統的に担ってきた天皇・朝廷や大神社に委託したのであった。幕府は天皇・朝廷をしっかり統制し、独占的に掌握したうえで、天皇・朝廷のもつ機能の一つである国家祭祀を担わせた。江戸時代の天皇・朝廷による国家祭祀は、三重の構造をもっていた。天皇を中核にしてもっとも内側の祭祀（「内の神事」）、そのつぎに朝廷の表の儀礼として行われる祭祀（「表の神事」）、

▼**山王神社**　東京都千代田区永田町に鎮座する。中世期に勧請された神社が江戸城内にあったが、明暦大火後に現在地に移された。明治期に日枝神社と改称。

▼**神田明神**　東京都千代田区外神田に鎮座する。奈良時代からの由緒をもつ。江戸城内から移され一六一六（元和二）年に現在地にまつられる。

▼**鎮守神**　土地や建物などを守護する神のこと。山王神社・神田明神は江戸城と江戸の市街を守護する鎮守神であった。

その外側の内裏を離れた二十二社（二四ページ参照）など畿内や各地の、朝廷と結びつきの深い神社で行われる祭祀（「外の神事」）で、いずれも天皇・朝廷が主体になって神事が担われる。

「内の神事」

第一の「内の神事」では、天皇がみずから国家祭祀を担った。その中心となったのが、「毎朝御拝」と呼ばれるもので、天皇が毎朝神々に天下泰平を祈るものであった。これは宇多天皇の八八八（仁和四）年から創始されたもので、以降、歴代天皇に継承され、形を変えて現代にいたる。

江戸時代における毎朝の御拝の次第は、天皇が常御所において起床し、潔斎・理髪・改服・手水を使い、清涼殿まで廊下を移動し、清涼殿に設けられた石灰壇▲に入る際に内侍から笏を渡される。内侍は廂までさがり伺候する。天皇は、石灰壇でまず二拝し着座する。二拍手して次の祝詞をあげる、

弥天下泰平、海内静謐、朝廷再興、宝祚長久、子孫繁栄、所願円満に、
夜の守り昼の守りに幸い給えと、恐み恐みも申てさく、

▼**石灰壇**　内裏の清涼殿南東の隅にある、石灰を固めて壇を築いたもの。地面と見立てて天皇が毎朝御拝を行った。

●一七九四(寛政六)年の内裏図(『新刊雲上明鑑』より)　左下に神嘉殿が描かれる。

また二拍手のうえ、九社に御拝する。九社とは、伊勢・内侍所・石清水・賀茂・春日・日吉・祇園・北野・北斗であり、位置する方角に向かって拝する。清涼殿石灰壇での「毎朝御拝」が終ると常御所に還御する。すなわち歴代の天皇は、伊勢神宮をはじめとする主だった諸神社に向かって、毎朝、天下泰平・海内静謐などを祈願した。これこそが天皇の天職というものであった。

江戸時代の禁裏御所の特徴は、清涼殿から常御所が独立して設けられており、「毎朝御拝」が、かつてのように天皇の起居する清涼殿内で完結したのとは異なる点である。また、石灰壇については、一七八八(天明八)年の大火で禁裏が焼亡したあと再興された寛政度造営内裏で、清涼殿内に一三三六(建武三)年以来の石灰壇が設けられたもので、したがって、現存する京都御所は安政度造営で踏襲されている。寛政度以前の「毎朝御拝」では、清涼殿内の御帳台▲のかたわらに屏風二帖をめぐらして「石灰壇代」として用いてきた。

江戸時代には、清涼殿石灰壇(代)での「毎朝御拝」が中心であり、内侍所での御拝は少なくなった。三種の神器の一つである神鏡がまつられる内侍所での御拝は、後深草天皇即位(一二四六〈寛元四〉年)から一二五九(正元元)年の譲位まで、

▼御帳台　四面に帳帷をかけめぐらしたなかに、台を設け、その上に畳をしいて寝所とした。

●――御帳台　手前は昼御座。

▼白川家　神祇官の長官である神祇伯を、平安末期から世襲した家。花山天皇皇子の子延信王に始まり、伯王家とも呼ばれた。江戸時代の家領は二〇〇石。

▼東山天皇　一六七五〜一七〇九年。在位一六八七〜一七〇九年。

五〇七四日にのぼったと伝えられ(『増鏡』)、天皇は精勤であった。内侍所から清涼殿に毎朝の御拝の場所が移り、江戸時代には臨時に御拝が内侍所で行われるのみになっていた。

天皇みずから「毎朝御拝」をつとめることができない時には、代官が立てられた。代官をつとめることができるのは関白ないしは白川家であった。一六〇五(慶長十)年白川雅朝が記した「主上御代官次第」(『伯家部類』)によれば「御代官として、毎日御所勤仕」しているようすがうかがえる。また一七〇九(宝永六)年の「東山天皇神祇伯雅冬王へ内々勅語之事」(金光図書館所蔵)によれば「御拝御代官之事、近衛関白家煕へも仰聞かされ、主上・関白・伯三人ならでは勤めざる由」と東山天皇が命じていることがわかる。また、一六六八(寛文八)年の公家の家業を記した『諸家家業』の白川家に関する記述に、往古は諸氏が担っていた代官を、中古以来は白川家が譜代として任じられていると記す。さらに時代のくだった一八一四(文化十一)年の『諸家家業記』では、白川家について「毎朝之御拝御故障これ有る節は関白家御名代御勤候事に候所、万一関白家故障之節は、伯家より御代拝相勤められ候例にて、主上御拝之御名代は関白家白川家に相限り候事に候由」と記されている。

江戸時代の天皇が毎朝の御拝をどの程度みずから行っていたのか、関白の代拝はどの程度か、いずれにしても白川家が毎朝の御拝に代官として果たした役割は大きかった。江戸幕府は、白川家に家領として二〇〇石(『寛文朱印留』)を代々将軍より安堵したうえに、神事料の名目で、はじめ五〇石のちに一〇〇石をいわば役料として支給した。役料があたえられている公家は、ほかに武家伝奏▲と議奏▲があるが、いずれも幕府による朝廷統制に欠かせない役職であり、その対価が役料であった。白川家に対する役料も、江戸幕府にとって天皇による毎朝の御拝や内侍所の御拝が、天下泰平・五穀豊穣にとって不可欠の祭祀であり、その実質的勤仕者である白川家に対し、幕府が役料をあたえていたものと理解することができる。

「表の神事」

朝廷祭祀の三重構造の二重目は、四方拝・新嘗祭・大嘗祭など朝廷の表の部分において挙行される神事である。元旦に天皇が神々を拝して、その年の災

▼**武家伝奏**　公家のなかから二人が選ばれ、江戸幕府と朝廷との交渉を担った役職。関白とともに朝議を取り仕切り、江戸幕府による朝廷統制の主要な役割を果たした。補任された際、京都所司代に血判の誓紙を提出した。

▼**議奏**　霊元天皇の養育掛として四人の公家が任じられ、一六八六(貞享三)年、議奏と呼ばれる。以後、武家伝奏を補佐し朝議に参画した。

厄なきことを祈念する四方拝は、江戸時代には清涼殿東庭にて行われた。正月恒例の神事となったのは、八九〇（寛平二）年のこととされ、年中行事として継続されてきたが、応仁の乱（一四六七〈応仁元〉年）後に一時中断した。一四七五（文明七）年に再興され、以後、一貫して催された元旦の天皇による重要神事であった。

『後水尾院当時年中行事』や『嘉永年中行事』などによれば、四方拝のようすは次のようである。天皇は元旦の寅の一刻（午前四時）から湯浴みによる潔斎をすませ、最上の礼服である黄櫨染の袍をととのえ、清涼殿より東庭におり、長筵をとおって屏風のなかの御座に出御する。屏風は八帖を囲むように立て、なかに高机三所をおき、香炉と燭台、造花を供えておく。天皇はまず属星▲の名を唱えて拝し、つぎに天、さらに地を拝したのち、四方（東西南北）と山陵を拝し還御する。このようにして天皇は元旦にその歳の災厄なきことを天神地祇に祈り、皇祖（山陵）に宝祚を祈って四方拝の神事を終える。

四方拝は年頭の欠かせない神事であったが、天皇の体調によって出御のない場合があった。その場合、神祇伯（白川家）による代拝は行われず不出御のまま

▼**属星**　十二支の年に該当する星。

であった。四方拝は天皇にのみ行える祭祀と考えられていたのであろう。

つぎに、「表の神事」の二例目として新嘗祭について述べよう。収穫の祭りである新嘗祭は十一月下の卯の日（現在は十一月二十三日の勤労感謝の日にあたる）に、その歳の新穀を天皇が天神地祇に供え、これを共食する儀式である。飛鳥時代の皇極天皇以来行われてきた新嘗祭は、一四六三（寛正四）年に後花園天皇が行って以来中絶していた。これが徳川綱吉政権下で、霊元上皇▲の強い意志があわさり再興されることになる。そのきっかけとなったのは、大嘗会の再興であった。「大嘗会と申は御即位の後の初ての新嘗会の事なりと心得べし、翌年よりは常の新嘗会なり」（『光台一覧』）とあるように、大嘗祭は即位後最初の新嘗祭ともいえ、両者は共通する神事であった。霊元上皇は東山天皇即位時の大嘗会の再興を幕府に願い、綱吉政権もこれを認めて、後土御門天皇の挙行以来二二一年ぶりに一六八七（貞享四）年再興された。

大嘗宮（悠紀殿・主基殿）において、新天皇がその他の皇位継承者である親王たちとは次元の異なる、天皇としての認知を、大嘗宮に降臨する天照大神から受ける重要な即位儀式と位置づけられており、朝廷復古をめざす霊元上皇の悲

▼**霊元上皇**　一六五四〜一七三二年。在位一六六三〜八七年。

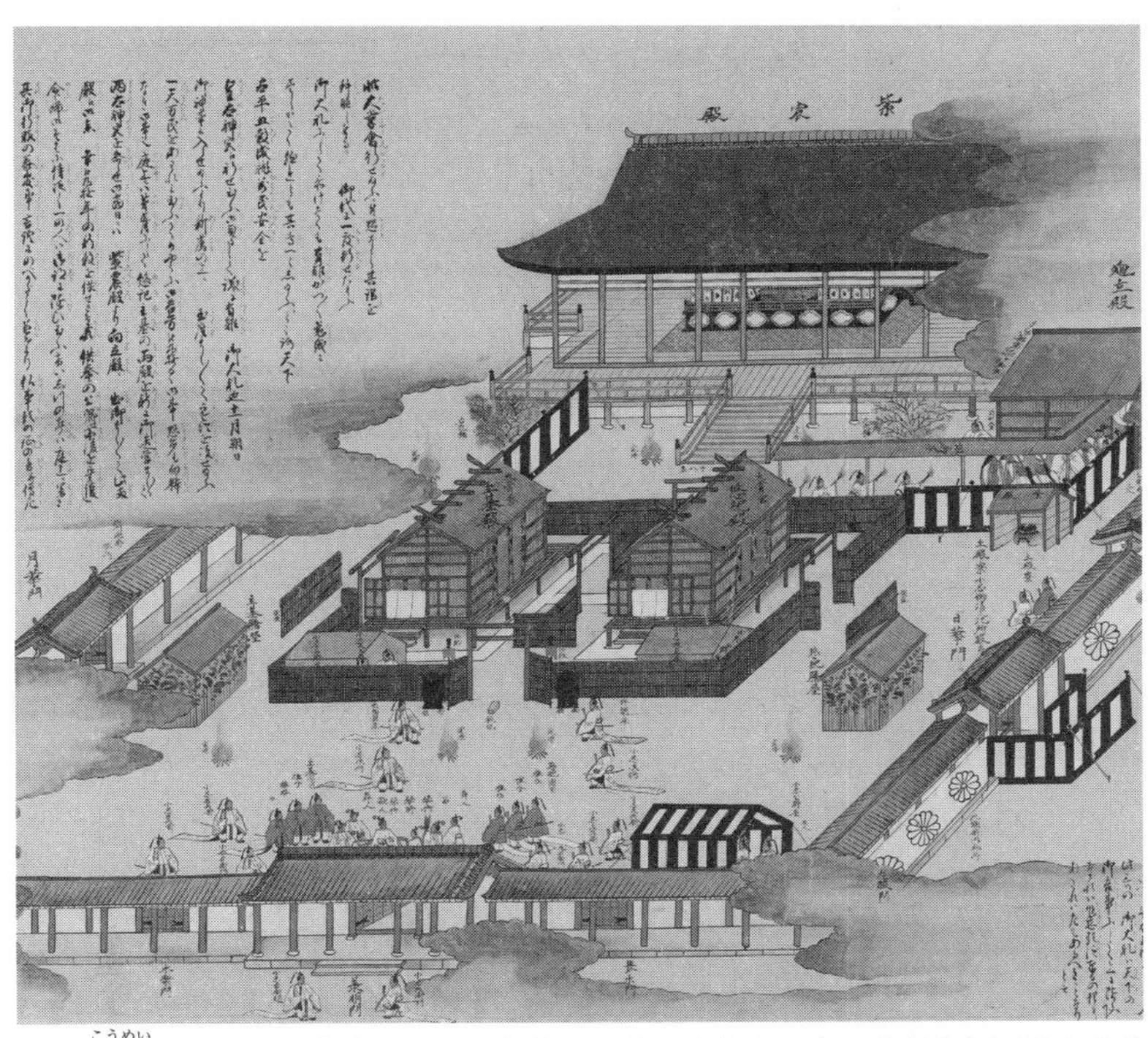

●──**孝明(こうめい)天皇の大嘗会**(「嘉永元年大嘗会図」)　紫宸殿の南に悠紀殿(東側)と主基殿(西側)の大嘗宮が設けられている。

願であった。ただし、再興された大嘗会は賀茂川への禊行幸が幕府によって禁止されており、左大臣近衛基熙▲はその不備を指摘して再興に反対していた。とはいえ、大嘗会の一連の行事のなかでの中心行事となる大嘗祭は再興され、そのためにととのえられた調度品を、翌年からの新嘗祭にあてることを、霊元上皇は考えたものと推察される。

一六八八(元禄元)年十一月二十二日(卯の日)に、内侍所采女(女官)が吉田社▲(神祇官代)に参向し、「堅固密々之儀」として関係者以外に知らせず、新嘗祭を行わせた。費用もなく、儀式は諸事省略され、新穀を供えるばかりのものとなったが、おそらくそれ以降「新嘗御祈」と称して一七三九(元文四)年まで続けられたものであろう。

大嘗会は、東山天皇即位時に二二一年ぶりに再興されたが、次の中御門天皇▲の即位時(一七〇九〈宝永六〉年)には行われなかった。その当時の朝廷は、禊行幸のない大嘗会再興に反対した近衛基熙と息子の家熙が権勢をふるっており、幕府に対して大嘗会の挙行を願う動きとならなかったためである。

しかるに一七三八(元文三)年、次の桜町天皇▲即位後には、八代将軍徳川吉宗

▼**近衛基熙**　一六四八～一七二二年。後水尾院の信頼は厚かったが、霊元天皇からは疎まれた。霊元天皇の朝廷復古志向に対し、幕府との協調をはかり、関白・太政大臣になった。

▼**吉田社**　京都市左京区にある神社で、大元宮・八神殿をもつ。九世紀後半、藤原氏が春日四神を勧請。藤原氏の氏神となる。神職は卜部(のち吉田)氏、室町期に吉田兼倶が出る。

▼**中御門天皇**　一七〇一～三七年。在位一七〇九～三五年。

▼**桜町天皇**　一七二〇～五〇年。在位一七三五～四七年。

の側から大嘗会を朝廷側に働きかけ、十一月十九日に大嘗祭が挙行された。以降の歴代天皇はこの元文度大嘗祭を先例として、即位時に大嘗祭を挙行した。

徳川吉宗政権は、幕府による国家統治のために制度充実をはかる一環として、朝廷儀式の再興を実現させ、大嘗会のみならず新嘗会についても、朝廷の正式な行事として、一七四〇(元文五)年十一月から再興させることにした。正式には二七七年ぶりとなる新嘗祭は、十一月二十四日卯の日の深夜、古代・中世に神事が行われた神嘉殿▲が当時の禁裏に存在しなかったので、南殿(紫宸殿)をこれに見立てて、桜町天皇は神嘉殿代に渡御した。天皇の御座となる大床子▲が用意され、天皇の着座の間に八重畳▲と坂枕▲を供え、八重畳の上に御衾(寝具)が内侍によって設えられる。采女が亥一刻(夜十時)を告げると、天皇は祭服を着し、手をすすいで神殿に入り神膳を供える。四刻(二時間)たってこれを撤収し、ついで西廂に入る。采女が丑刻(午前二時)を告げると天皇はあかつきの神膳を供える。しかるのち、天皇は常御殿に還御し、神座なども撤収されて新嘗祭は終了する。翌日の豊明節会▲も再興されたが、あわせて新嘗会と呼ぶ。

新嘗祭は真夜中の長時間にわたる神事であり、天皇にあたえる身体的負担は

▼**神嘉殿**　中央の神殿に神座が設けられ、新嘗祭・神今食の祭りを天皇みずからが行った。寛政度造営内裏で再興されたが、明治期に東京の宮中三殿に隣接して造営された。

▼**大床子**　天皇の座る四脚の腰掛。机のような形で、上に畳やしとねをしく。

▼**八重畳**　何枚も重ねた敷物。

▼**坂枕**　薦でできた祭祀用の枕。頭から首にかけて坂のように斜めに傾いている。

▼**豊明節会**　新嘗祭の翌日や大嘗祭の三日後に紫宸殿に天皇が出御して行われる宴会。雅楽も催される。

小さくなく、体調不良の時は出御がないこともあったが、概していえばほぼ実行された。天皇にとって重要な神事であったと位置づけられよう。また一七八八(天明八)年の炎上後、一七九一(寛政三)に新造なった内裏は、裏松光世▲(固禅)の『大内裏図考証』による再建であったが、神嘉殿が独立して西南の地に建立された。これ以後、新嘗祭は天皇が神嘉殿に行幸して挙行されることになった。天皇・朝廷による神祇再興の観点からも、裏松光世の『大内裏図考証』による内裏再建のもつ意義は大きい。

新嘗祭が、秋にその歳の新穀を神に供えて共食し感謝する収穫祭であったが、これと対をなす、春にその年の収穫が実り多いことを神に祈る祈年祭は、かつて神祇官が存在し機能していた時には、必ず行われる重要な神事であった。古代・中世において神祇官では二月四日、年穀の豊穣を祈念して天皇が全国の神々(『延喜式』「神名帳」の官幣社七三七座)に幣帛を班つ祭儀を行った。これが祈年祭であったが、一四六七(応仁元)年の応仁の乱で廃絶したままであった。江戸幕府は、この中絶した祈年祭を、朝廷の要望に応えず、再興させることはなかった。同様に、かつて六月十一日・十二月十一日に神祇官において、国家の

▼**裏松光世**　一七三六〜一八〇四年。宝暦事件に連座して三〇年間蟄居。天明大火後赦され、有職故実に通じたことから、平安内裏を考証して『大内裏図考証』を著わした。

静謐を諸社に祈らせる祭事であった月次祭も、幕府は認めなかった。また月次祭の夜に、天皇が天照大神を神嘉殿に招き共食する神今食も行わせなかった。そもそも幕府は神祇官を再興させる意図をもたなかったのである。

祈年祭・月次祭（神今食）は神祇官が存在し、官幣社の制度が機能して行える神事であった。神祇官や官幣社の制度が機能しない状況にあった江戸時代の朝廷にあって、神嘉殿の代用によって行えた新嘗祭や天皇即位時の大嘗祭が、再興可能な「表の神事」であったといえよう。

「外の神事」

江戸時代の三重構造をもつ朝廷祭祀のうち、もっとも外側の神事とは、朝廷の外部に存在する伊勢神宮・石清水八幡宮・賀茂社などの伝統のある大神社に、勅使（奉幣使）を遣わし、天皇の祝詞や宣命などを伝えて実施された。平安時代後期に、神祇官と官幣社の制度が機能しなくなると、天皇は主だった神社に奉幣使（勅使）を遣わしてその年の五穀豊穣を祈る、祈年穀奉幣を行うようになった。祈年祭のかわりである。年二回、二月・七月の祈年穀奉幣使は、白河天皇の一〇八一(永保元)年から定例の朝廷神事となった。奉幣使の発遣される主だった二十二社の神社とは、伊勢・石清水・賀茂・松尾・平野・稲荷・春日(以上、上七社)・大原野・大神・石上・大和・広瀬・龍田・住吉・丹生・貴布禰・吉田・広田・北野・梅宮・祇園・日吉の各神社であった。この二十二社には、国家安全・雨乞い・止雨や甲子革令▲に際して、随時奉幣使が発遣された。しかしながら、これらの奉幣使は、応仁・文明の乱で廃絶した状態になっており、戦国時代をへて、江戸時代に入っても二十二社に奉幣使を発遣することはなかった。

江戸時代に例幣使▲が遣わされた最初は、三代将軍徳川家光の奏請によってなされた一六四六(正保三)年四月、日光東照宮への奉幣使であった。前年十一月に東照社に宮号が宣下され、後光明天皇▲の宣命が日光に奉納されていた。さらに一六四六年四月一日、日光東照宮に奉幣使が発遣された。将軍家光は七月に使いを朝廷に遣わして、宮号宣下と奉幣使発遣を感謝し金一万両を献じた。

東照宮は徳川家康の死後、神にまつったものである。一六一六(元和二)年四月、家康の末期に遺言がなされ、遺骸を久能山に埋葬し、一周忌がすぎたなら

▼**甲子革令**　十干十二支のおのおのの一番目にあたる甲子年には暦が六〇年ぶりに一新することから、変事が多いとされた。

▼**例幣使**　毎年恒例として奉幣のため神社に遣わされた勅使。九月十一日、伊勢神宮の神嘗祭に遣わされた奉幣使を伊勢例幣使と呼ぶ。江戸時代、日光例幣使が加わる。

▼**後光明天皇**　一六三三〜五四年。在位一六四三〜五四年。

日光山に遷すことを命じた。四月十七日に家康が死去すると、朝廷から「東照大権現」の神号があたえられた。朝廷は「日本大権現」「東光大権現」「威霊大権現」も候補としたが「東照大権現」が選ばれたのは、「天照」に対する「東照」であるとの意識が幕府側にあったものであろう。「大権現」についても、これは山王一実神道▲に基づくもので南光坊天海▲が主張し、吉田神道による「大明神」を推す金地院崇伝▲と神龍院梵舜▲を退けて定まったものであった。神仏習合の山王一実神道によることから、薬師如来を本地仏とし、薬師堂が隣接されている。一六一七(元和三)年四月十六日、家康の一周忌にあわせ、日光東照社において神位がおさめられ中御門尚長が宣命を読み、清閑寺共房が奉幣を行った。

家康の孫である三代将軍家光は、父である二代将軍秀忠が造営した質素な白木づくりの東照社を造替し、一六三六(寛永十三)年に金五六万八〇〇〇両、銀一〇〇貫目などの経費をかけて、現在につながる豪華な大造営を行った。家光政権にとって「東照大権現」は、徳川政権と幕藩体制に正当性をあたえる宗教的な存在として、一層の権威上昇が望まれた。前述した一六四五(正保二)年の宮号宣下と翌年の奉幣使発遣は、権威化の一環であった。さらに後水尾院皇子の

▼山王一実神道　天台教学に基づく神仏習合の神道。天海が幕府鎮護の教えと主張して、幕府からの加護を受けた。

▼南光坊天海　一五三六?～一六四三年。天台宗僧侶で、武蔵仙波喜多院(埼玉県川越市)・延暦寺・寛永寺住職を歴任。この間、幕政にも参画。

▼金地院崇伝　一五六九～一六三三年。以心崇伝とも。一六〇五(慶長十)年臨済宗五山の上の南禅寺の住持となり金地院に住した。江戸幕府の政治顧問。

▼梵舜　一五五三～一六三二年。吉田兼右の子で兼見の弟。吉田神道に通じるとともに吉田兼倶創建の菩提寺神竜院の住職で豊国社別当でもあった。

●――近世の門跡

宗旨	門跡
天台宗	妙法院／青蓮院／梶井／聖護院／照高院／円満院／実相院／曼殊院（竹内）／毘沙門堂／輪王寺（滋賀院兼帯）
真言宗	仁和寺／大覚寺／勧修寺／随心院／三宝院／蓮華光院（安井）
法相宗	一乗院／大乗院
浄土宗	知恩院

宗旨	准門跡
浄土真宗	西本願寺／東本願寺／興正寺／仏光寺／専修寺／錦織寺

尊敬（守澄）親王を招き、一六五五（明暦元）年、輪王寺門跡▲が創設され、門跡は日光と上野寛永寺の門主の地位に就いた。なお輪王寺門跡は天台座主となり、既存の青蓮院・梶井・妙法院三門跡の上位に位置づけ、天台宗の最上位とされた。

奉幣使に話を戻そう。一六一七年に行った天皇から幣帛をたてまつらせた奉幣使を、恒常化し毎年発遣させることを家光政権は企図した。一六四六年の翌年三月、日光東照宮への奉幣使発遣が、朝廷として正式に日時や宣命のことを決め、四月十七日（徳川家康命日）の例大祭に向けて発遣された。奉幣使となる公家は参議の公卿から選任され、以後、一八六七（慶応三）年まで毎年奉幣使は恒例の行事として遣わされた。毎年恒例であることから日光例幣使と称される。例幣使は毎年四月一日に京を出立し中山道を経由して上野国倉賀野宿にいたり、例幣使街道と呼ばれるようになった往還を今市宿まで進み、日光に入った。四月十六日に宣命を奉読し、幣帛を奉納して大任を果たし、日光街道を江戸に向かう。江戸では幕府からねぎらいを受け、しかるのち、東海道で京まで帰る。例幣使一行五〇人ほどは、勅使である参議を中心にして、供の者や荷物もちな

▼輪王寺門跡　七六六(天平神護二)年勝道上人が開いた四本竜寺が、勅願によって寺号を満願寺と改めた。天海・公海のあと貫主に後水尾院皇子守澄を招き一六五五(明暦元)年に輪王寺宮の勅号を受けた。

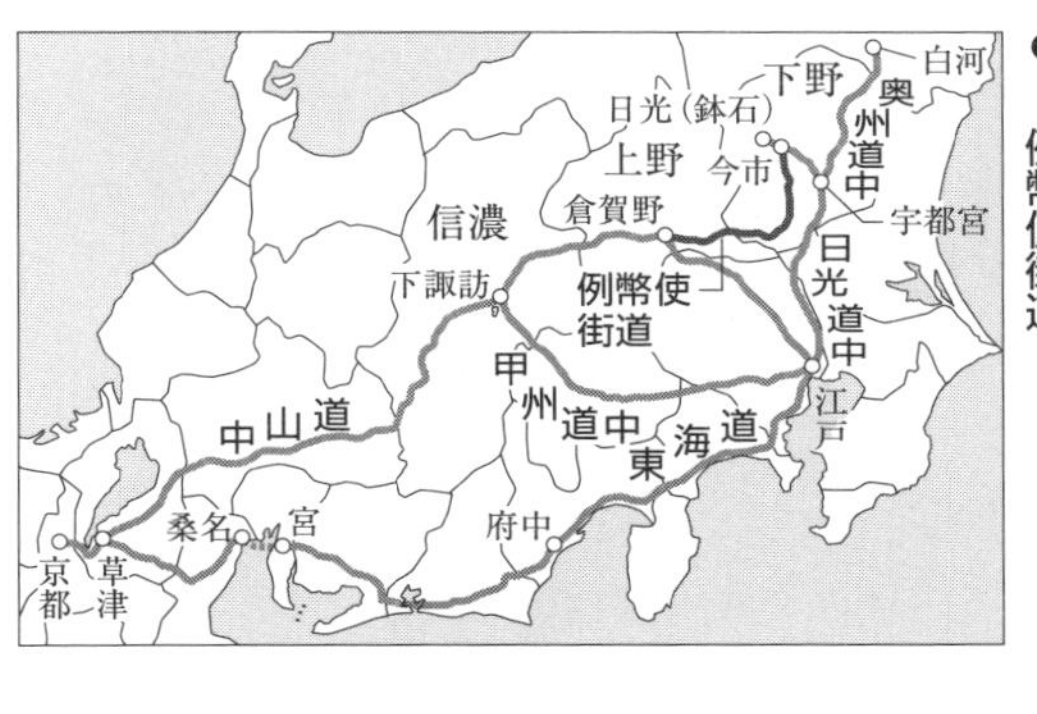

●—例幣使街道

どで、宿泊先では和歌を認めた懐紙や短冊を大枚の礼金の見返りに残すことが多く、庶民からありがたがられた。

この年にはまた、朝廷は九月十一日に伊勢神宮にも奉幣使を発遣する。伊勢内外宮で九月に行われる神嘗祭(天皇が新穀を神にまつり収穫を感謝する祭)に、天皇が幣帛を勅使に渡し、伊勢に遣わす神事を、毎年九月十一日に定例として行ったことから例幣使と称した。これは一三九八(応永五)年に後小松天皇の時以来中絶していたが、一六四七(正保四)年におよそ二五〇年ぶりに再興されたもので、後光明天皇は紫宸殿から、例幣使発遣のようすを見送った。これも明治維新まで毎年続けられた。

江戸時代の伊勢神宮では、大中臣氏の藤波家が祭主職に代々補され、毎年の神嘗祭に伊勢に下向して祭礼を執行した。藤波家には幕府より家領として一七三石があたえられたほかに、祭主料として六六二石が、幕府から安堵された伊勢神宮料六一七八石余のなかから支給された。

伊勢例幣使の約二五〇年ぶりの再興は、幕府が東照宮の権威増強のために、日光例幣使を開始させる機会に、進められたものと考えられる。伊勢神宮にまつられる天照大神に、天皇が幣帛をたてまつって崇敬するように、日光東照宮にまつられる東照大権現(徳川家康)に対し、天皇が毎年幣帛をたてまつり崇敬することで、天照大神と同列の対象神とさせる効果をもった。

東照宮奉幣使と伊勢奉幣使のほか、定例の奉幣使はなく、臨時で奉幣使が発遣された事例がある。一七四四(延享元)年は甲子革令にあたり、国家の異変を避けるために祈願のための奉幣使が、二十二社の上七社と九州の宇佐宮・香椎宮に遣わされた。一四四二(嘉吉二)年五月二十二日に上七社に奉幣使が発遣されてから三〇二年ぶりのことであった。また一三〇一(正安三)年に宇佐宮・香椎宮に発遣されてから四四三年ぶりのことであった。翌年が甲子の年にあたることから、前年の一七四三(寛保三)年から関白左大臣一条兼香▲らは桜町天皇と奉幣使の再興を相談し、徳川吉宗政権に願い出たものであった。吉宗政権は、前述のように大嘗祭や新嘗祭の再興を働きかけたように、国家制度の充実をはかる観点から、朝幕協調した関係を望んでおり、甲子革令にともなう奉幣使についても、桜町天皇側の要望を認めた。もっとも朝廷側が望んだのは、昔は年中に二度、二十二社へ祈年穀奉幣使を立てていたのに、現在は行えないの

▼**一条兼香**　一六九二〜一七五一年。一条兼輝の養嗣子。実父は鷹司房輔。桜町天皇の関白、太政大臣。桃園天皇皇后は兼香の女で、後桃園天皇の母となり、のちに恭礼門院(女院)。

で、せめて伊勢・石清水・賀茂の三社だけでも祈年穀に準じて、春秋一度ずつ奉幣使を立てたい、というものであった。朝廷の側は二十二社へ祈年穀奉幣使を遣わした姿への復古を望んでいたが、幕府の回答は祈年穀奉幣使は一切認めず、甲子革令の奉幣使発遣のみを認めるというものであった。

一七四四(寛保四)年すなわち甲子革令の改元により延享元年五月二十二日、上七社奉幣使が発遣された。禁裏において、上卿(しょうけい)右大臣一条道香(みちか)▲から、七社の奉幣使七人はおのおの宣命を賜い、七社に向かった。七社に着いた奉幣使は、宣命を読み上げ幣物(へいもつ)を神前に供える。その後、各社を出て禁裏に戻り参内(さんだい)して報告する。京都所司代(しょしだい)と、春日社には南都奉行(なんとぶぎょう)が、奉幣使の警護にあたった。

また宣命の文面に、桜町天皇から盛り込むべき内容の指示があった。伊勢神宮に向けては、「朕(ちん)は薄徳をもって天津日嗣(あまつひつぎ)を受伝し天下を一〇カ年におよんで知食(しろし)めしている」、「天下太平近年再興の事有り」、「今年甲子の事」の三項目であった。諸社には「去享保二十年即位の事」、「天下太平近年再興の事有り」、「辞別に甲子を載せらる事」とあった。伊勢神宮とその他の神々に対し天皇が報告する内容が、相違する部分があるとはいえ、共通して自分が在位しているこ

▼**一条道香**　一七二二〜六九年。一条兼香の子。二四歳で左大臣になり、翌一七四六(延享三)年から一〇年余り関白となる。

と、天下太平で朝儀の再興があること、今年が甲子の年であること、の三点が盛り込まれている。ちなみにこの年の東照宮奉幣使の宣命に、天皇は甲子の辞を盛り込まないこととした。幕府のための東照宮例幣使と天皇一代中一度の奉幣使とは別個のものであるとの意識が存在していた。

宇佐・香椎宮奉幣使は、上七社奉幣使より遅れて一七四四年九月二十五日に発遣された。朝廷は古来の形式どおり、大宰府山陽道諸国司と大宰府に宛てて太政官符を発し、路地の国役、潔斎などを命じた。もちろん何の効力ももたない形式にすぎなかった。実質的な効力を発揮したのは幕府による触れ(『御触書宝暦集成』八七七・八七八・八七九)であった。触れの内容は、宇佐奉幣使は伊勢・日光例幣使の格に准ずること、宇佐奉幣使は陸路を用いるが、旅宿・道橋など日光例幣使の旅行の格を越えないようにすること、旅宿として寺院はなりがたいことが命じられた。これを受けて各藩では支配領域に命じて奉幣使一行に備えさせた。たとえば広島藩賀茂郡役所は、奉幣使通行に際して寺の鐘をならさないこと、僧尼は物見に出てはならないこと、犬や牛馬をつなぎとめておくことなどを命じた。神事である奉幣使通行にあたり、廃仏の考えが命じられたことは注目される。

甲子革令は干支が一巡した六〇年後の一八〇四(文化元)年にも、一二〇年後の一八六四(元治元)年にも訪れた。七社奉幣使、宇佐宮・香椎宮奉幣使も発遣された。一八〇四年三月十四日に京を発った宇佐宮・香椎宮奉幣使一行は、公卿ではない公家の四辻公説が奉幣使となり、供奉の人数一二九人で宇佐に四月三日に到着、香椎宮に四月十一日に到着した。その道すがら、前回にもまして廃仏や死・穢れを避ける命令が領主から命じられた。延享・文化度の奉幣使は、当時の社会には異質ともいえる神仏分離や廃仏思想をおよぼしたが、やがて、これらは一八六四年から一〇年もへずして、神仏分離・廃仏毀釈という政治的・社会的変動につながっていった。

「外の神事」と位置づけた奉幣使は、幕末になり天皇・朝廷が上位者となって、幕府に政務を委任する関係を確立すると、朝廷はみずからの意思で多くの奉幣使を行った。たとえば攘夷祈願は、七寺七社のほかに二十二社に数多く行わせたが、奉幣使では一八五八(安政五)年・六三(文久三)年の三社(伊勢・石清水・賀茂)奉幣使や一八六四年の七社奉幣使、宇佐宮・香椎宮奉幣使などがみられ

●—宇佐八幡宮　勅使門

るなかで、あらたに山陵奉幣使が発遣された。一八六三年に神武天皇陵奉幣使が臨時のものとして三度行われた。さらに翌年(一八六四)五月八日に山陵奉幣使が遣わされ、これ以降、毎年恒例のものとして発遣された。他方、一六四六年以来毎年続けられた日光東照宮奉幣使を、一八六三年からは勅使となる公卿(参議以上)を格下げし、殿上人の公家から選ぶように改めた。

地域の大神社

三重構造のさらに外に、全国には大小さまざまの神社が数多く存在した。二十二社に準じて、前述した甲子革令の年に朝廷より奉幣使が派遣された宇佐八幡宮のような、豊前国の一宮(五ページ参照)でもある由緒ある大社は、その他の地域にも存在した。出雲国の杵築大社(以後、出雲大社と呼ぶ)や常陸国鹿島社、下総国香取社・信濃国諏訪社・尾張国熱田社・紀伊国日前宮・紀伊国熊野社・肥後国阿蘇社などである。

豊前国(大分県)宇佐郡に鎮座する宇佐八幡宮は、すでに奈良時代以前から朝廷の崇敬を受けており、天皇即位の報告や国家異変に際しての祈禱が託されて

▼**大宮司**　宮司の最上位。宇佐のほかに香取・鹿島・熱田・気比・宗像・阿蘇などの諸社に存在した。

▼**勧請**　神仏を移し迎えて祭祀・法要すること。石清水八幡宮は最古の事例。

●——**石清水八幡宮　楼門**

いた。平安時代には豊前国一宮とされ、国造であった宇佐氏が大宮司▲家であった。広大な社領は九州北部に広がり、豊臣政権による九州平定とその後の検地政策で没収されるまで長きにわたり勢力をもった。八五九(貞観元)年、宇佐八幡宮は山城国(京都府)男山に勧請▲され、石清水八幡宮が設立された。平安京に遷都後、南都(奈良)の勢力に対峙する王城鎮護が、両京のあいだに位置する男山の石清水八幡宮に担わされた。石清水八幡宮は歴代の天皇の崇敬が厚く、数多くの行幸がみられ、一〇八一(永保元)年に二十二社に列せられている。

前述のように二十二社のなかで、伊勢神宮につぐ社格をもつ石清水八幡宮は、宇佐八幡宮を勧請したものであったが、それでは改めて二十二社とは全国の神社のなかでどのように位置づけられるのであろうか、考えてみたい。天皇・朝廷を中心にすえた三重の祭祀構造の「外の神事」の担い手として二十二社を位置づけた説明をしたが、設立の古さや由緒でいえば宇佐八幡宮のほうが、二十二社の二番目の石清水八幡宮よりも上位に位置づく。古い由緒をもつことがただちに社格につながるとはいえないようだ。

二十二社は天皇や藤原氏を中心にした朝廷権力との関係から選ばれ、各種の

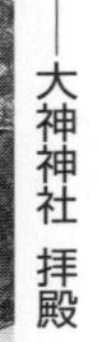
●―大神神社　拝殿

祈願理由から奉幣使が発遣されたもので一〇八一年に二十二社が定まり、室町時代の応仁の乱以前まで機能した。天皇家の祖先神天照大神をまつる伊勢神宮や、桓武天皇が生母(百済の王族の家系)の祖先を大和国にまつっていたものを平安遷都にあわせて京都に遷し設立した平野神社は天皇家との関係によるものである。梅宮は皇后の崇敬を集めた。藤原氏の氏神社である春日社や吉田社のほかに、大原野社は藤原氏から皇后になった女性が参詣できるように京都に設立された。平安遷都以前にすでに京都在来の賀茂神社・松尾神社・稲荷神社は賀茂氏・秦氏の氏神として山城国の信仰圏を三分するように存在していた。平安遷都後は朝廷により皇城鎮護の神として崇敬された。皇城鎮護では石清水八幡宮も共通する。

　このほか平城京に朝廷があった頃より、大和国の最も古い神をまつる大神神社・石上神宮や、五穀豊穣のための大和神社、広瀬神社、龍田神社は風神祭、丹生神社は祈雨・祈止雨などに際し奉幣使が発遣された。貴布禰神社は祈雨・祈止雨祈願のための京都の神社であった。このほかに摂津国住吉神社と近江国日吉神社・京都北野天満宮が加わった。このように天皇・朝廷権力の政治的な

●──出雲大社　本殿

判断もかかわって二十二社が定まったものである。

地域的には山城・大和にほぼ限定された二十二社に対し、宇佐八幡宮のような全国に存在する大社は、古い歴史と由緒をもち広大な社領をもった地方の権力（権門）であった。出雲大社（杵築大社）の祭祀を掌っていた出雲臣氏は出雲国造に任じられた。出雲大社と出雲国造との関係は七世紀中頃までさかのぼることができ、出雲国造の子孫（千家・北島家）は現在も出雲大社の神職である。国造が国衙の支配を受けるようになると出雲大社は出雲国一宮とされた。広大な社領をもち一五九一（天正十九）年段階で五四四五石余をもっており、信仰圏も出雲国を中心に中国地方に広がりをもっていた。

国造家の子孫が現在まで祭祀を継承するという点では、紀伊国和歌山の日前宮・国懸宮（総称して日前宮）も出雲大社と同様に、国造家（紀氏）が祭祀を担ってきた。一宮であり勢力をふるってきたが、一五八四（天正十二）年大田城を拠点に、いわゆる小牧・長久手の戦いで国造家は徳川家康と結び、拠点にした和歌山大田城が豊臣秀吉の軍勢によって攻撃され、日前宮社頭を破却され神領も没収された。江戸時代に紀州藩主徳川頼宣が神社を再興し社領を寄進した。

●――鹿島神宮　本殿

平安時代後期から中世にかけて、一国内で古い由緒を持ちもっとも崇敬された神社が一宮とされ、国司(こくし)（国衙）やその後の守護(しゅご)によって管理され、逆に一宮を保護する立場の者が国の最上位者の表象となるようになった。常陸国一宮鹿島社は、早くも古代の大和朝廷が地域勢力を取り込み、藤原氏が平城京遷都の際、春日に勧請し、春日社は藤原氏の氏神となって崇敬を深めた。鹿島社は源頼朝(みなもとのよりとも)にも崇敬され、社領は常陸国を中心にして広範囲におよんだ。江戸時代には一六〇二（慶長(けいちょう)七）年に徳川家康から二〇〇〇石の朱印地が寄進された。

鹿島社と対になるのが下総(しもうさ)国一宮の香取社である。地理的に大河・湿地帯を挟んで南側の下総国の勢力は香取社を祭祀した。鹿島社同様に大和朝廷によって取り込まれ、香取社もまた平城京春日に勧請され、藤原氏の氏神となった。下総国を中心に広範囲にわたる社領をもったが、一五九一年に徳川家康から一〇〇〇石の朱印地をあたえられた。

信濃国諏訪社や肥後国阿蘇社も一宮であった。古代から諏訪氏は諏訪社の祭祀にあたり、中世では領主として勢力をふるい、鎌倉・室町幕府中枢ともつながり、武士の道を歩む。諏訪社は社領を信濃国に広くもったが、その信仰は同国にとどまらず、全国に多数の末社が存した。江戸幕府により朱印地一五〇〇石が寄進された。阿蘇社は阿蘇国造の子孫阿蘇氏が祭祀を担っていたが、肥後国一宮となって以降、武家領主の性格を強めていった。肥後国を中心に社領をもったが、一五八七(天正十五)年、豊臣政権による九州平定にともなって社領は没収された。しかし、その後の加藤(かとう)氏・細川(ほそかわ)氏という熊本藩主から社領が寄進された。

　熊野大社は一宮ではなかった。大化改新(たいかのかいしん)以前に存在した熊野国に国造が存在したものの、紀伊国と合併し紀伊国牟婁(むろ)郡となったことから、紀伊国一宮は日前宮のみとなった。しかし熊野三山すなわち熊野坐(います)神社(本宮(ほんぐう))・熊野速玉(はやたま)神社(新宮)・熊野那智(なち)神社に対する信仰は修験道の影響もあり、全国的に広がりをみせた。上は天皇・上皇の熊野詣でから中世武士団による参詣など、御師(おし)▲・先達の活動によって熊野信仰は拡大した。その結果、熊野三山領は紀伊国のみならず全国的に分布した。近世に入り社領は没収され、一六〇一(慶長六)年、領主の浅野幸長(あさのゆきなが)から各三〇〇石前後が寄進された。

▼**御師**　伊勢・熊野をはじめとする有力神社の近隣にいて、参詣者を宿泊させ、祓えや清めなどの宗教的指導を行う。

●—諏訪大社　上社本宮

●熱田神社　本宮

▼権宮司　宮司に準じた神職。熱田社・出雲大社などにおかれた。

一宮ではなかったが、それ以上の社格をもっていたのが尾張国熱田社であった。尾張国一宮としては真清田(ますみだ)神社が存在したが、熱田社は尾張国内の序列を超えた、天皇家とのつながりから伊勢神宮につぐ社格をもっていたともいえる。すなわち三種の神器(じんぎ)の一つ草薙剣(くさなぎのつるぎ)をまつる神社であったから、天皇家との関係は深く、古代より崇敬された。尾張国造の尾張氏が祭祀を担っていたが、平安時代末期に藤原氏が大宮司に就いて以降、尾張氏は権宮司(ごんのぐうじ)▲となった。源頼朝の母が大宮司家藤原氏の女(むすめ)であったことから源氏に崇敬され、社領は尾張国に広がった。豊臣政権によって広大な社領は没収され、江戸幕府は朱印地七〇〇石余を寄進した。

以上みてきたように諸国には国造が祭祀を担い、平安時代後期から一宮となる由緒をもち、広大な社領をもつ神社が存在しており、二十二社に劣らぬ由緒と地域的権力や信仰圏をもつものがあった。広大な社領は、例外なく豊臣政権が実施した検地政策によって没収され、改めて豊臣・徳川政権から限られた朱印地をあたえられ近世期を迎えることになった。

以上にあげた大神社に準じた事例も数多く存在した。駿河(するが)国一宮の浅間(せんげん)神社

▼社僧　神仏習合した神社において仏事を行う僧侶。別当寺・神宮寺に居住した。

●――富士浅間神社遷宮式通知状

本宮（静岡県富士宮市）は富士山信仰と結びつき、富士山を取り巻く麓の各所には浅間神社が勧請されまつられていた。本宮は一六〇六（慶長十一）年、徳川家康の支援を受けて建立されたが、その遷宮式は都合一五日間、神楽が進上され、駿河国各地の神職や社僧▲が七五社から八六人残らず参列し、その供の者は九六人を数えた。近世初頭の富士浅間神社本宮の強い影響力をうかがうことができよう。富士浅間神社本宮は、富士山を取り巻く地域の権門と呼ぶことが適当であろう。

地域の中小神社

中世社会と近世社会とのあいだに、二つの大きな違いを見出すことができる。一つは太閤検地によって、それまでの土地所有権が整理され、荘園領主や戦国大名、あるいは地侍など在地の地主的存在も否定されたことである。すでに述べたように、広大な社領をもった大神社の領主的権利はことごとく否定された。二つ目の違いは、在地の武力・兵力が刀狩（兵農分離）によって一掃されたことである。在地にいた武士（在地領主）が、戦乱さらに改易・転封によって地

●—豊山八幡神社

▼**押領**　他人の土地・動産を無理やり奪いとり支配する行為。横領。

▼**蔵米取**　みずから年貢徴収を行わず、藩の蔵から物成米相当を受け取る形態。

域・土地を離れ家臣団として城下町に集住された結果、保護者でもあった在地の武士が地域支配の中心にすえた神社から、いなくなった。そのため神社は、あらたな保護者を求め、地域の村落・百姓に支えられて、中世から近世への時代転換に対応した。

　このことを筑前国遠賀郡小倉庄の本社であった豊山八幡神社の事例でみてみよう。中世期に麻生氏から四〇町余の社領を安堵され小倉庄全体の神社として、地域の信仰を集めていた豊山八幡神社は、戦国大名大友氏の押領▲に続く麻生氏の壊滅によって保護者を失った。一五九三(文禄二)年以降、小倉庄は解体し、近世村落六カ村(尾倉・枝光・戸畑・中原・前田・大蔵)は豊山八幡神社を勧請して各村の氏神とした。残された豊山八幡神社は尾倉村一村の氏神にとどまることになった。やがて地方知行取の武士は蔵米取▲に変わり、村との関係が切断されると、もっぱら農民だけによる氏神社となった。

　このように、中世期に神社を地域百姓支配の精神的統合や、武士団の族的結合の紐帯として役立てた、武士を保護者にもった神社の多くは、兵農分離や俸禄制への転化という時代状況のなかで、武士との関係が断たれた。この事例と

●—大滝神社

は異なり、神仏習合して一山を形成し、独自の武力をもって小さな地域権力となっていた、越前国今立郡大滝寺の事例をみよう。中世末期まで朝倉氏の所領安堵を受け、社僧・社人の四八坊と山麓の山伏六人が経営していた大滝寺は、一五七五(天正三)年、織田信長軍の兵火で焼滅し、所領も没収されて地域権力の地位を失った。大滝神社だけが残され、越前奉書特産地の大滝村の氏神社となり、以後、近世村落が支え続け、現代にいたる。

中近世移行期に統一権力によってなされた検地や郷帳(御前帳)作成などによって村切りされ、社会の基礎として確定された近世村落は、近世前半期の開発によって生まれた新田村落もあわせると、おおよそ六万を超える数となった。そこには必ず村落を代表する神社(氏神・鎮守・産土・産神などと呼ばれた)が存在した。この村切りされた村落は、領主に対し年貢村請をする共同の単位であり、それより小さい範囲で家々がたがいに助けあい共存する小集落がいくつか集まって成り立っていた。この小集落は、ムラとも組とも坪とも呼ばれたが、この小集落にもまた神社が存在し、居住する人びとの神事の場となり信仰を集めて支えられていた。

具体的な事例を駿東(すんとう)郡御厨(みくりや)地方の小山(おやま)村（静岡県小山町）のムラと神社について、「小山村絵図」を参考にしながらみてみよう。図の下が北側となるが、左右（東西）に流れる大川と書かれた鮎沢(あゆさわ)川（酒匂(さかわ)川の支流）に向かって、図の上の南側となる足柄(あしがら)山から、村の中央を滝沢(たきざわ)川が流れ落ちる。この滝沢川を挟んで、小山村は西側の上合(かみあい)と東側の下合(しもあい)とに大きく分けられる。西側の上合の集落（組と呼ばれた）の中心に諏訪神社があった。対する東側の下合はさらに二集落に分かれていた。大沢(おおさわ)川の流域に発達した山神をまつる集落と、もう一つは滝沢川と大沢川とで挟まれた春日社を中心にした集落であった。つまり小山村には三つの集落（組）とそれぞれに神社がまつられていたのだが、そのうち春日社が小山村全体の氏神であった。領主である小田原藩(おだわらはん)の正保検地において、春日社は上田(じょうでん)三畝が年貢免除地(ねんぐめんじょち)とされ、氏神社としての維持がなされた。小山村に専業の神主はおらず、鍵取(かぎとり)▲と呼ばれる集落の有力な百姓が三神社の管理を担った。神社の建替えの際には、近くの菅沼(すがぬま)村山王(さんのう)権現社神主の高村(たかむら)氏が出向いて祭主として遷宮式を執り行った。

江戸時代の一村落が三集落に分かれ、それぞれに中心になる神社が存在し、

▼**鍵取**　鎰取とも書く。神主や社人のいない神社で、その鍵をあずかる百姓身分の者をいう。神事や祭礼は他村の専業神主に依頼するが、そのほかは鍵取が神社を管理する。

●──「小山村絵図」

そのうち一社が村落全体の氏神社になっていた事例を小山村にみた。小集落の数は三とは限らない。村域の地形や広さから二であったり五にもなったり不定であったが、その中心には神社（ないしは祠）が存在し、その一つが村落全体でまつる神社となった。このような姿は全国的に、地域差をもちながらも、大きく異なることはなく存在したと考えられる。

ゆうに六万を超えた江戸時代の村落に、必ず専業の神主がいたわけではなかった。小山村には神主が存在せず、毎年の祭礼や、たまにある遷宮式には近隣の菅沼村の専業神主高村氏が訪れ儀式を執行したことは前述した。これを菅沼村高村氏からみた時、小山村のような村落はほかに八カ村あり、そこの神社を兼帯社として支配していた。すなわち高村氏は自村を含め九カ村を氏子圏としていたことになる。この氏子圏の村落数が多いのか少ないのか、興味のあるところだが、ちなみに菅沼村高村氏の本家にあたる古沢村浅間神社神主高村氏は、三三カ村を氏子圏としていた。村にはいくつかの集落があり、集落ごとに鍵取が管理する小社があったことから、あわせて一六一社を兼帯していた。もっとも古沢村高村氏は神主としては由緒ある家で、広範囲にわたる氏子圏はその地位のなせる業であった。富士浅間神社本宮(静岡県富士宮市)が徳川家康の支援を受けて建立された一六〇六(慶長十一)年の遷宮式において、駿河国各地の神社神職や社僧が残らず参列した際、高村氏は第一に幣司▲をつとめたことから、「一幣司」と呼ばれる格式をもった。

ここまで、天皇・朝廷を中心にみた三重構造のさらに外側に、大社から小社にいたる数多くの神社が存在したことを概観した。それらの神社と祭祀を担う神職たちを、江戸時代の領主はどのように支配・管理していたのであろうか。神社については、大社には寄進地(朱印地・黒印地)をあたえて保護を加えた。村落を代表する神社には境内地などを年貢免除地として維持させる姿勢を示した。神職たちについては、村落単位で宗門人別帳に記載し、百姓や山伏・座頭などと同様に掌握した。神職も必ずや檀那寺をもち、キリシタンではない証明(寺請け)をされたが、後期になるとしだいに檀那寺から離れ自立する姿勢がみられだす。すなわち幕末に向けて神葬祭(自身葬祭)をめざすようになる。

▼**幣司**　神前に幣をたてまつる役。

②江戸幕府の神社統制

「諸社禰宜神主法度」と神社伝奏

幕藩領主による支配領域単位での掌握とは別に、全国に居住した神職を身分集団として横断的に掌握する方法を江戸幕府はとった。一六六五(寛文五)年七月十一日付で、幕府は「諸社禰宜神主法度」五カ条を発布した。この法度は江戸時代には「神社条目」と呼ばれたが、明治期に内務省により『徳川禁令考』が編纂された際、「諸社禰宜神主法度」のタイトルが付され、以後、教科書叙述などでも踏襲され、歴史用語として定着してきたことから、本書でも用いる。

同年同日付で、幕府は「諸宗寺院法度」も発布した。将軍徳川家綱▲朱印状の「定」九カ条と老中連署の「条々」五カ条からなる。宗派の違いを超えて全寺院・僧侶に共通の法度を出し、仏教諸宗派寺院と僧侶を対象に一括した統制令であった。それより以前、慶長・元和期(一五九六～一六二四)に、京都や鎌倉などの本山・本寺に寺院法度を一宗派ごとに出して、配下寺院(末寺)を統制させる権限をあたえ、本末組織を形成させたうえで、一六六五年に僧侶身分の者に

▼徳川家綱　一六四一～八〇年。在職一六五一～八〇年。

共通の法度を出したものである。

仏教僧侶と神社神職を全国横断的に統制する法度がこの時期に出されたことの背景について、ふれておきたい。徳川家綱政権期の一六六五年は、国内外の平和と安定が確実にもたらされた時期であった。国外では、東アジアをゆるがした豊臣政権期の文禄・慶長の役がおさまったあと、まもなく起こった明清動乱の半世紀にわたる戦乱が、一六六二(寛文二)年に南明政権の滅亡と、台湾を拠点にした鄭成功▲の死去により終息した。国内でも、島原の乱鎮圧(一六三八〈寛永十五〉年)以降戦乱はなく、一六六九(寛文九)年に北方の蝦夷地においてシャクシャインの戦い▲が起こるが、国内の平和感は続く。戦争に動員された百姓・職人たちは、平和の到来とともに動員されることなく生業に励み、その結果生産力が向上し、村落や家は安定した。

こうした状況のなか、かつての戦争を前提にして、将軍が軍事指揮権を発動し軍役を課す形で諸大名を統制する、武威を前面に出しての権力編成は時代錯誤となっていった。武威にかわって、儀礼を重視し上下間の秩序を保ち、将軍権威を身分制秩序のなかで最上位において安定させる方式が求められた。初期

▼**鄭成功**　一六二四〜六二年。東シナ海の海商鄭芝竜と平戸の田川七左衛門の娘とのあいだに生まれた。明再興のために日本に援軍と武具の支援を求めた。明の唐王より国姓である朱を賜ったことから国姓(性)爺と呼ばれた。

▼**シャクシャインの戦い**　一六六九(寛文九)年、蝦夷地で発生したアイヌ民族の蜂起。首長シャクシャインがリーダーとなった。松前藩が鎮圧し、以後、松前藩による支配は強化された。

より確立がはかられてきた、武士・公家・百姓など(士農工商)基幹の身分の周縁に存在していた者たちを、身分集団化する動きが、この時期に顕著となったのである。宗教者身分のなかでも、幕府の統治に重要な役割を果たす、仏教僧侶と神社神職を、まず身分集団化する法度が一六六五年に同時に命じられたのは、このような状況によるものであった。あわせて身分集団内序列＝階層は儀式の席次や装束の違いなど、可視的な制度が整えられて秩序が保たれた。

徳川家綱政権は一六六四(寛文四)年四月、諸大名二一九人への領知判物・朱印状および目録の宛行をいっせいに行った(「寛文印知」と呼ぶ)。翌年には近衛家など五摂家をはじめとする公家に九七通、仁和寺など門跡に二七通、尼門跡に二七通、院家▲に一二通のほか、寺院に一〇七六通、神社に三六五通が発給された。「寛文印知」を受けるために江戸城に登城した寺院僧侶や神社神職に向けて、「諸宗寺院法度」と「諸社禰宜神主法度」が直接命じられた。

それでは「諸社禰宜神主法度」の内容について具体的に検討を進めよう。京都の松尾大社に伝わる史料によって、まず五カ条を書き下したうえで、説明を加える。

▼院家　貴種出身の僧侶と止住の寺院をあらわす称号で、門跡につぐ寺格。

▼社家　神社に代々世襲によって勤仕する神職の家。

定

一　諸社の禰宜神主など、専ら神祇道を学び、その敬う所の神体、いよいよこれを存知すべし、有り来る神事祭礼これを勤むべし、向後怠慢せしむるに於いては、神職を取り放つべき事

一　社家▲位階、前々より伝奏を以て昇進を遂ぐ輩は、いよいよその通りたるべき事

一　無位の社人白張を着すべし、その外の装束は吉田の許状を以てこれを着すべき事

一　神領一切売買すべからざる事

一　神社小破の時、それ相応常々修理を加うべき事

　附、神社懈怠なく掃除申付くべき事

右条々、これを堅く守るべし、若し違犯の輩これ有るに於いては、科の軽重に随い沙汰すべき者なり

一条目は、諸社の禰宜・神主などはもっぱら神祇道を学び、神体を崇敬し、神事祭礼をつとめることが命じられた。神主など神職が神祇道を学ぶのは当然

のように思われるが、当時はそうではなかった。真言宗と習合した両部神道や天台宗と習合した山王一実神道の影響を排し、仏像ではなく鏡などの神体を崇敬し、神祇道をのみもっぱら学ぶように命じたのである。その意味するところは、神仏習合を否定し唯一神道（吉田神道）を、幕府が求めたということである。

二条目は、社家が位階を受ける場合、伝奏（朝廷に執奏する公家＝神社伝奏）が前々よりあるのであればこれまでどおりとする、とした。石清水八幡宮は広橋家▲の執奏を受け、松尾・稲荷・大原野の各社は白川家の執奏を受けてきたように、それまで神社に執奏家のある場合はそれを踏襲するというもので、二十二社の神社が念頭におかれていた。これに対し前々より神社伝奏との関係をもっていなかった全国の大多数の神社については、吉田家の執奏を受けるとの含意が込められていた。

三条目は、神職が身につける装束について、無位（位階のない）の社人は白張り（白布の狩衣）を着し、それ以外の装束は吉田家の許状を受ければ着すことができるとした。いいかえれば、白張り以外の装束は吉田家の許可がなければ着すことができないものとされた。

▼**広橋家**　藤原氏日野家の支流。名家、家禄八五八石。武家伝奏を多く輩出する。

▼**大副**　律令制の四等官で二番目の次官にあたる、神祇官の呼称。長官は伯。

▼**吉田兼倶**　一四三五～一五一一年。吉田神社神職。一四八四（文明十六）年に大元宮を建立。『唯一神道名法要集』を著わし、唯一神道を創始する。

▼**吉川惟足**　一六一六～九四年。一六五三（承応二）年に萩原兼従に入門して吉田神道の伝授を受け、将軍徳川家綱や保科正之らに重用され、八二（天和二）年に幕府神道方に任じられた。

●—吉田神社

四条目は、神領は売買をしても質に入れてもいけないという、神社の維持を命じたもの。五条目は、神社の維持のために、小破の時に修理を加え、おこたりなく掃除を行うことを命じた。

この「諸社禰宜神主法度」が発布されたことで、吉田家にとっては幕府による強い後押しを受けることになった。吉田家とは、二十二社の一つ京都吉田神社の神職で、神祇官の大副▲に就くことが多く、白川神祇伯に準じた神祇道の家であった。室町時代の吉田兼倶▲が唯一神道を創唱し、吉田神社に大元宮と呼ぶ斎場所を一四八四(文明十六)年に設けて天神地祇をまつり、各地の神社に影響をあたえるようになった。吉田兼右(兼倶の孫)は一五九〇(天正十八)年に、かつて存在した神祇官八神殿を大元宮の背後に遷し、神祇官代と称した。吉田家は地方の神社に神号・社号を独自の宣旨(宗源宣旨)であたえ、神職に神道裁許状を発給してきたのであった。

そこに、さらに「諸社禰宜神主法度」が幕府から発せられた。幕府が「諸社禰宜神主法度」を発することになったのには、吉田家の別家である萩原兼従(吉田兼見の孫)から吉田神道の奥義を伝授された弟子の吉川惟足▲が働きかけたことによる。吉川惟足は信頼をえていた、家綱政権を支える保科正之▲や稲葉正則▲(老中)らに、吉田家が諸社の執奏を行えるように周旋した。さらに吉田家は、幕府から神祇管領長上職をおおせつけられ、神道裁許状や装束の許状を発給する権限も保証された。なお吉川惟足は次の徳川綱吉政権下でも用いられ、一六八二(天和二)年に幕府神道方に任じられる。

さて「諸社禰宜神主法度」第一～三条によって、大きな権限をあたえられた吉田家であったが、地方の大社から反発が起こった。出雲大社は翌一六六六(寛文六)年には反論を展開した。吉田社は二十二社のなかでも中くらいの格式で、藤原氏の氏神春日社を京都吉田村に勧請したもので、その神職の配下につくことは、古代以来の国造が祭祀を掌る出雲大社としては我慢ならないところであったろう。出雲大社からの反論は二点にのぼる。一点目は、千家・北島の両国造家が吉田家の支配を受けることに対する反発である。執奏家と神社との関係は、たとえば白川家と松尾社の事例では、松尾社神主職が天皇綸旨で補任される際の執奏を白川家が行い、綸旨はいったん白川家にくだされ、この旨を受けて白川家が神主職を執達する。さらに、松尾社の神主職に次ぐ、正禰宜・正

▼**保科正之**　一六一一～七二年。徳川秀忠の四男。会津藩主。兄徳川家光の遺言で四代将軍家綱の補佐となり幕政を支える。死後、神道式で葬られた。

▼**稲葉正則**　一六二三～九六年。小田原藩主。祖母春日局に養育され、一六五八(万治元)年に老中となり将軍家綱を支える。

▼永宣旨　永年に効力をもつ宣旨。

●――大元宮（左は標柱）

祝職などは白川家が直接補任をする。すなわち、朝廷に権限のある神主職補任や口宣案などの執奏をするほかは、松尾社神職の補任権や社務の執行権をもち、白川家はほとんど松尾社を支配していたといっても過言ではなかった。これは執奏家の権限の強い事例であろうが、単に神社神職の執奏を行うだけにしても、出雲大社にとっては避けたいことであった。

出雲大社の反論の二点目は、これまで出雲国内の神社は国造家が総検校職として風折烏帽子・狩衣・素襖などの装束の許状を出してきており、「諸社禰宜神主法度」第三条によってその権限が失われることに対する反発であった。出雲大社は、幕府寺社奉行の内意をえたうえ、京都所司代から朝廷に働きかけ、両国造家の神代以来の伝統を奏上し、翌年（一六六七〈寛文七〉）霊元天皇から永宣旨▲を受けることができた。霊元天皇から国造宛の永宣旨の内容は、一点目については、両国造家が他家（吉田家）の支配を受けることはない、という内容で国造家の主張が肯定された。二点目は、出雲国内の社家に対する装束許可権限は否定され、国造家の社家支配は出雲大社社中に限定するものとされた。

「諸社禰宜神主法度」と吉田家に対する反発は出雲大社のほかにもおよんだ。

一六六六年、肥後国阿蘇宮神主は摂家の鷹司家に官位執奏を願ったことから、「諸社禰宜神主法度」第二条の解釈をめぐって争論が起こった。神社伝奏が前々からある場合はそのまま認められるが、あらたに執奏を願うとなると、これを容認するかどうか、鷹司家と吉田家とのあいだで争うことになったのである。また、尾張国熱田社の神主が吉田家をとおさずに官位叙任を、朝廷に直接申し出るということも起こった。このような状況のなかで、吉田侍従は次の願書を江戸幕府に一六六八(寛文八)年十月に提出した。

覚

一　二十二社並びに出雲大社・常州鹿島・下総香取・信州諏訪・尾州熱田・紀州日前宮・同熊野・豊前国宇佐宮・肥後国阿蘇宮これらの社神主・大宮司位階申すの事、向後吉田執奏に及び申さず、その外天下の諸社家等、官位申すの輩は、先年より仰せ出す通りに、いよいよ吉田執奏仕り候様に、御奉書頂戴仕りたく存じ奉り候条、宜く御沙汰頼入り存じ奉り候、以上

(『萩原家所蔵文書　三』)

すなわち前章で述べた二十二社のほかに出雲・鹿島・香取・諏訪・熱田・日

前・熊野・宇佐・阿蘇宮の大社の神主・大宮司の位階の執奏を吉田家は行わない、そのかわりに、そのほかの天下の諸社家の執奏は吉田家に願いたい、という内容である。出雲大社や阿蘇宮・熱田社からの反発を受け、吉田家からみて三社と同様に神代からの伝統をもつ大社を、格式の高い神社とみて、吉田家の配下に取り込むことの困難を自覚して、一歩後退しながらも、それ以外の全国の数多の中小神社を配下におさめようと企図して、幕府に願い出、老中奉書を頂戴したいとの願書であった。

吉田家の権限をめぐって、幕府と朝廷での議論は重ねられたのであろう、吉田家の思惑とは異なる形で一六七四（延宝二）年八月十七日付で幕府は次の内容で決着をつけた。

覚

社家位階の事、先規より伝奏これ有るは勿論、伝奏無き社家も吉田執奏に及ぶべからず、然りと雖も、遠国より吉田へ頼み来る社人位階の義は、吉田方より職事迄申入れ相調い然るべく候、無位無官の社人装束は吉田より指図たるべきものなり

寅八月十七日

すなわち「諸社禰宜神主法度」第二条・三条に関して、幕府としての公式の条文解釈を示した。第二条については、執奏家（神社伝奏）をもたなかった社家の場合、その執奏は必ずしも吉田家には限定されないこと、換言すれば吉田家であろうと他の公家であろうと許容された。また第三条については、無位無官の社人の装束は吉田家から受けるべきことが確認された。この幕府による「覚」は幕府・朝廷によって以後も原則として遵守されたものである。一七一九（享保四）年正月、関白一条兼香によって、「諸社禰宜神主法度」とあわせて「覚」（一六七四年）が再確認されている。

そのため、吉田家のほかに白川家や他の公家の執奏を願う神社はふえる傾向にあった。一七〇二（元禄十五）年の諸社伝奏（神社伝奏）の公家の数は九家であった（「諸社伝奏取次之覚」）。それから九二年後の一七九四（寛政六）年の『雲上明鑑』に記された神社伝奏の数は二三家に増加している。また伝奏をもつ神社の数は、二〇社から四五社に増加した。神社の側からすれば、特定の公家に結びつくことで権威がましくなり、公家の側からすれば執奏料など収入が見込まれて好ましいことであった。後述するように、近世後期に地方の神社神職を吉田家と白川家とが競って配下におさめようとしたのはこのような事情による。

吉田家による組織化

神社のなかで公家との関係(執奏家)をもっていたのは全体からみればごく少数であった。吉田家にとって、全国の執奏家(神社伝奏)をもたない多数の諸社神職を支配するうえで一六六五(寛文五)年の「諸社禰宜神主法度」はまたとない梃子になった。かといって、この法度が発布されるや、ただちに吉田家の全国諸社支配・組織化が実現したとみるのも早計にすぎる。一六六五年以前の神道裁許状が残されているような、すでに吉田家と関係をもち系列化されていた地方神社も存在するが、その数は多くはない。各地方には、中世期以来存在してきた地域的な社家組織(その中心には大社や一宮(いちのみや)が存在するような)が存在していたり、あるいは多様な神道系(しんとう)が入り組んでいたりしたが、吉田家によるいわば全国横断的な組織化は、地域の既存組織を温存したまま上から編成したり、あるいは解体させたのちに、あらたに組織化するなどの多様な形で取り組まれたとみられる。

出雲大社が国内の社家たちに装束の許可をあたえる権限が否定されたことは前述したが、備後国一宮吉備津神社▲の場合、一国全域の社家は一宮の取り決めた位（「一宮官」と呼ぶ）の高低によって、座配序列が決められ、定められた装束を着す組織が存在した。一三九四（応永元）年には定められており、一六〇六・〇八（慶長十一・十三）年にも一国内社家組織は機能していたが、やがて吉田家の影響が浸透し、六七（寛文七）年には吉田家の許状を受けずに旧の装束を着けていた社家が追放に処せられ、「諸社禰宜神主法度」の効力が発揮された。

一宮に準じる格式で国司・国衙の保護を受けた総社（五ページ参照）であった武蔵国府中の大国魂神社▲についても、近世以前に総社を中核とする地域神職の組織が存在した。土岐昌訓氏によれば、大国魂神社の神事に参会する武蔵国の神職は三集団に分かれていた。一つは入間郡北野村天神社の神職で天正年間（一五七三〜九二）に「武州神職司」を称した栗原氏に率いられた約四〇家の神職集団、二つは多摩郡五日市村阿伎留神社の神主有竹氏に率いられた多摩郡西部の二八家の神職集団、三つは入間郡塚越村住吉神社神職高麗氏に率いられた

▼**吉備津神社**　広島県福山市に鎮座。平安末期には備後国一宮とされる。

▼**大国魂神社**　東京都府中市に鎮座。武蔵国総社として六神社を勧請し、六所明神と呼ばれる。

▼触頭　本所である吉田家からの命令を、配下の組織・集団に触れ流す役。配下神職からの上申も取り次いだ。

入間・高麗・比企など一二郡のおよそ五〇社家の集団である。徳川家康の入部以後も認められた大国魂神社の地位と三神職集団であったが、吉田家は武蔵国に進出し、大国魂神社の地位に取ってかわり、三集団の統率神職を吉田家の触頭▲として配下神社を組織化した。その結果、大国魂神社への神事参会は衰退し、やがてみられなくなった。触頭は配下の神職に吉田家の許状を受けさせ、組織の秩序化を進めた。ただし、個々の配下神職は徐々に吉田家の許状を取得したもので、たとえば高麗氏配下の比企郡野本村八幡社社家の場合、一七二一(享保六)年にはじめて吉田家から許状を受けたように、さらにくだった天明から天保年間(一八三〇～四四)にはじめて許状を受けた者がまだ一〇九人も存在したように、吉田家による組織化は徐々に進んだものであった。

甲斐国では一五六〇(永禄三)年、戦国大名武田信玄により、氏神であり総社である府中八幡宮へ、国中地方の社家一六〇人余を二夜三日参勤させる勤番制度が命じられた。西田かほる氏によれば、武田氏が滅びた後に、江戸幕府によっても勤番制度は継承され、柳沢吉保が領主となった甲府藩は一七〇五(宝永二)年、府中八幡宮を一六〇社の支配頭とした。府中八幡宮は勤番社家の装束について、独自の権限をもっていたが、天明期には吉田家の装束に従うよう命じている。府中八幡宮社家が吉田家から神道裁許状を受けたのが、享保期と遅かったように、甲斐国国中地方においては、既存の戦国期以来の社家組織の影響で、吉田家による全国横断的な組織化はゆっくり進んでいったものであろう。

畿内の大和国の場合は、興福寺・春日大社の影響力が強く、吉田栄治郎氏によれば、吉田家による組織化は一六六五年に「諸社禰宜神主法度」が発布されて以降徐々に進行し、一七一八(享保三)年で吉田家所属神社・神職数は三一社四二人におよび、これらを南北両組にはじめて組織化した。しかしながら、大和国は一五郡あり、そのなかでわずか三一社にとどまっていたことに注目する必要があろう。

九州の筑前国では、福岡藩二代藩主黒田忠之が「御国中社家総司役」に命じた桜井予止姫社大宮司浦下総守が、正保年間(一六四四〜四八)以降、国内の社家を唯一神道に取りまとめようとつとめた。早くから吉田家の進出がみられた地域であったが、一七〇五年段階で、いまだ吉田家支配を受けていない社家の存在は少なくなかった。前述したように筑前国香椎宮には一七四四(延享元)

年・一八〇四（文化元）年・六四（元治元）年の甲子年に、豊前国宇佐八幡宮とともに朝廷から奉幣使が発遣されたが、その際、筑前国中の総社家は奉幣使一行を迎えるために参集した。吉田家の触頭ともなっていた大宮司浦氏は、現地に赴いた吉田家家老鈴鹿氏とともに国内社家中で吉田家配下に入っていなかった社家たちもあわせ、奉幣使への拝礼を命じて神事に参加させた。六〇年後の二回目の奉幣使（一八〇四年）の際、筑前国の総社家は四〇〇余人を数えたが、位階ある者は三四人、無位の者が三六七人であった。これがさらに六〇年後の一八六四年には総社家三五六人中、位階ある者一二六人と大幅に増加した。

朝廷から奉幣使一行が到着するという、一大神事を絶好の機会に、吉田家家老の出張や触頭をとおした吉田家による神職組織化の拡大・深化は顕著である。ただし筑前国のように藩権力による後援があり、奉幣使という一大神事があってさえ、吉田家を本所とする横断的な組織化は文化年間（一八〇四〜一八）以降の六〇年間に大幅に進んだのであって、それ以前は遅々たるものであったことに目を向ける必要があろう。

吉田家による触頭が、弘化年間（一八四四〜四八）になお設定されなかった紀伊・淡路・讃岐・伊予・豊前・壱岐の国々（「各国神社宮司神主氏名控」）は、吉田家による組織化はさらに不十分なものであったと考えられる。

このような、吉田家による全国横断的な組織化が進まなかった理由には、出雲大社や吉備津神社、府中八幡宮など地域の既存組織の強さや他の神道系大社の影響力の強さが考えられる。それに加えて、吉田家側の組織化に向かう本所役人の人数に限界があったことが考えられるが、最大の障壁となったのは個々の社家が上京して吉田家から官位や許状をえるための費用が多くかかるところにあった。たとえば甲州都留郡中初狩村神主小林越後が、一八一三（文化十）年上京して吉田家より神道裁許状を受けた際、その費用は金五五両かかった。また武蔵国比企郡野本村八幡宮祠官布施田采女が、一七六八（明和五）年に上京して任官した際の経費は三五両余りであった。神職は階層によって違いはあるが、上京する経費のほかに、吉田家において修行を行い、一定の礼金をおさめて各種の許状を受けることで神職としての身分が保て、地域（氏子圏）における神事を執行することができる制度であった。神職が独自に経費をまかなえる場合は少なく、多くは氏子圏の村々が費用を負担したのであった。したがって、村落の生産力に従い、近世前期の生産力の乏しい時期には上京して許状を受ける神職（専業神主）の数は多くなく、吉田家による組織化の進捗は村落の生産力の向上を待たねばならなかったものであろう。

プレ神仏分離

「諸社禰宜神主法度」の第二条・三条の規制に基づく、吉田家による組織化の様相を述べてきたが、第一条「専ら神祇道を学び、神体を崇敬し神事祭礼を勤める事」によって神仏習合した神社を唯一神道に改め、神祇道を優勢にする動向にも、注目する必要がある。これは明治維新期に国家政策として神仏分離令▲が出され、廃仏毀釈運動もみられたのとは異なり、激しいものではないが、「諸社禰宜神主法度」第一条の影響はみられた。いわば「プレ神仏分離」と呼べるような動向である。

出雲大社では中世以来の神仏習合の状態は江戸時代前期まで続いていた。大祭である三月会では、本殿内において別当寺の天台宗鰐淵寺衆徒が読経したほどであった。境内には大日堂や三重塔なども建てられていた。これらは一六

▼**神仏分離令**　一八六八（明治元）年三月以降に明治政府が発した、神仏習合を禁じ、神社からの仏教色の排除を命じた一連の法令。

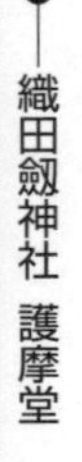

●——織田劔神社　護摩堂

六八(寛文八)年の大社造営に際し、社域の外に移され、別当寺鰐淵寺との関係には終止符が打たれた。この時の大社造営は、徳川家綱政権による二〇〇〇貫の造営費の援助を受けたもので、幕府の意向を受けて出雲大社の神仏分離が進められたものであろう。

出雲大社のように劇的に仏教色を排したものばかりではないが、武蔵国一宮氷川神社では吉田家から許状を受けた西角井家などの社家が、社僧八坊に対して勢力を伸長させていった。また越前国二宮の織田劔神社では、中世以来の織田寺(神前院)の支配に対し、神主上坂壱岐守正則が一六八八(貞享五)年に吉田家から神道裁許状を受けて以降、神前院と対抗し、一六九一(元禄四)年には僧侶による神前への出仕を拒むにいたった。さらに僧侶には本殿と離れた護摩堂(現存する)での勤行に限ることとして仏教色を後退させた。河内国誉田八幡宮は社僧(真言宗)と社家が一山を形成する神仏習合神社であった。一七〇二(元禄十五)年から争論となり、社僧七寺は本寺である嵯峨大覚寺門跡を頼り、社家たちは一七二四(享保九)年に吉田家から神道裁許状を受けて訴訟を有利に展開させようとしたが、社家側の勝訴にはいたらなかった。

争論においてはいかなる権威に頼るかが問われる。駿河国駿東郡小山村の事例で紹介した菅沼村高村氏と本家の古沢村浅間神社高村氏の二人の専業神主は、富士浅間神社本宮（静岡県富士宮市）の強い影響下にあった。富士浅間神社本宮は両部神道▲（真言宗との神仏習合）であったが、両高村氏は氏子圏の地域における山伏との争論敗訴をきっかけに、地方の権門富士浅間神社本宮を離れ吉田家に頼ることになった。争論の様相は、駿東郡新橋村（御殿場市）に居住する当山派（真言宗系）山伏明王院が近隣の中畑村の神社の遷宮式を、一六六八年に執行したが、八三（天和三）年にはこれを神主高村氏が行うという具合で、以後も山伏と地域の四人の神職との職分をめぐる競合は続き、九七（元禄十）年に小田原藩寺社奉行所に争論は持ち込まれた。いったんおさまったかにみえたが四年後に、争いは幕府寺社奉行所に持ち込まれた。山伏側の訴えは、神職たちが前々より輪袈裟をかけ数珠・錫杖をもち、経・陀羅尼▲を読むほか、祈禱の札守に梵字をすえており、これらの行為は「沙門の法義」（僧侶の行い）ではないかというものであった。

　これに対して神職側は、これらの行為は両部神道によるもので、富士浅間神

▼両部神道　真言密教との神仏習合説に基づく神道。金剛界・胎蔵界の両部に分けて世界を説く教説から両部を用いた。

▼陀羅尼　梵字で書かれた呪文を読誦し、功徳を受けること。短い呪文を真言、長い呪文を陀羅尼という。

社本宮の別当宝幢院が法元として免状をあたえたものであると、正当性を訴えた。幕府寺社奉行は宝幢院住職を呼びだし尋問したところ、答えていうには免状をあたえたのは確かであるが、烏帽子・狩衣という神職の装束の上に輪袈裟をかけ、数珠・錫杖をもって経・陀羅尼を読むという「異相の体」で徘徊することを許したものではないと答えた。

幕府寺社奉行はこれらを吟味したうえで、古沢村高村氏ら四人の神職を敗訴とし、一〇〇日間の閉門蟄居を命じた。敗訴した四神職は、富士浅間神社本宮別当宝幢院と両部神道が、後ろ盾になる強い権威ではなくなったことを認識したものであろう。敗訴から六年、古沢村神主高村氏や菅沼村高村氏は、吉田家より風折烏帽子・狩衣着用の神道裁許状とおのおの山城守・下総守の受領名を吉田家の執奏で朝廷から受け、以後も両家の歴代の当主は吉田家の配下として明治維新にいたる。

吉田家は「諸社禰宜神主法度」の法的な効力を後ろ盾に、組織化を進め、神仏習合神社を唯一神道神社化していったが、やがて全国の神社神職にとっての権威ある本所としての地位を築いていったものであろう。山伏が修験道本山派であれば聖護院門跡▲を、当山派であれば醍醐寺三宝院門跡▲を本山の権威としたように。また陰陽道であれば公家土御門家▲を本所として、配下の陰陽師は職分を権利として主張した。このような職分をめぐっての配下宗教者にとっては、富士浅間神社本宮のような、かつての地方権門の地位はさがっていった。

　これに対し力ある権威とは、天皇・朝廷とつながる、門跡や公家になっていったことを指摘できる。とはいえ、江戸幕府の設立した寛永寺(輪王寺門跡)もまた、権威としての力を備えていた。榛名山神社など関東や出羽三山にとどまらず、三浦俊明氏によれば、西国の播磨国廣峯神社において、廣峯神社別当の廣峯山増福寺は一六三三(寛永十)年に寛永寺の末寺となり、七二石の朱印地を安堵され、社家二五軒、家来四五軒を配下におき、一八六八(明治元)年に神仏分離して廣峯神社となるまで、天台宗系の神仏習合神社であり続けた。このように、神仏習合したまま明治維新を迎える神社は少なからず存在したことにも目を向けねばならない。

▼**聖護院門跡**　京都市左京区にある天台宗寺門派・修験道本山派(天台系)本山寺院。皇子・王子や摂家から入室する門跡寺院。

▼**醍醐寺三宝院門跡**　京都市伏見区にある真言宗本山醍醐寺の子院で修験道当山派(真言系)の本山寺院。摂家から入室する門跡寺院。

▼**土御門家**　陰陽道の安倍晴明の子孫が戦国時代に土御門家を称した。一六八三(天和三)年、諸国陰陽道支配の綸旨と朱印状を受け本所として陰陽師を支配。

③—吉田家と白川家の神社支配

吉田と白川の家職争論

江戸時代後期になると、幕藩領主つまり武家たちは財政窮乏に悩まされる。年貢米を徴収し換金して収入とし、各種の支出をするのだが、この時代になると米価安と諸物価高の傾向が続き、武家たちの財政は窮乏した。家領(知行)に依存した公家たちも、武家と同様に米価安の物価高に悩まされたことから、家領からの年貢米以外の収入の道を求めた。公家たちにとって公認された公家家職に基づく収入は、魅力的であった。

一六一三(慶長十八)年に幕府が発布した「公家衆法度」五カ条で公家の役儀(義務)は家々の学問(公家家業)と禁裏小番▲を勤仕することと規定された。公家の家業とは、家職とも呼ばれ、公家の家々に世襲される職務や技能をいう。蹴鞠は飛鳥井家の家職であり、大名や町人にまで広まった。蹴鞠の場に出るための装束などの免許を、大名たちは飛鳥井家に求めたが、その際、飛鳥井家は免許料を取得した。和歌を家職とした冷泉家や中院家・烏丸家などは、大名た

▼**禁裏小番**　天皇警護のため公家が内裏に宿直した制度。江戸時代では天皇の寝所に近い番の内々衆と離れた外様衆に分けられた。一六六三(寛文三)年からは、さらに近い近習衆が加わった。

ちが和歌の添削を望んだのに応え、収入をえた。装束を家職にした山科家・高倉家の場合、武家の指導にあたった高倉家は吉良家などの高家やその他の大名にも指導し収入をえた。陰陽道を家職とする土御門家は、全国の陰陽師に職札と呼ばれる免許状を発給し、貢納料を徴収した。

神祇道を家職とする白川家や吉田家は、神社の神職に免許状を発給する権限をともにもちながら、幕府による一六六五(寛文五)年の「諸社禰宜神主法度」発布によって、吉田家による全国各地の神社神職への組織化が先行した。一六七四(延宝二)年の、吉田家であろうと他の公家であろうと社人位階の執奏を認めるという、幕府の判断を朝廷も共通認識としたが、白川家が末端の神社神職を配下に取り込もうと積極的な行動に出たのは、財政の苦しくなった宝暦期(一七五一〜六四)からであった。

それより以前に、吉田家による組織化は前述のとおり進んでおり、たとえば駿河国駿東郡の古沢村神主高村家に残された史料では、一七四七(延享四)年九月に吉田家の四家老(鈴鹿周防守・鈴鹿筑前守・鈴鹿采女頭・鈴鹿将監)連名で、配下の神職に対し、神職が吉田家から裁許状などを受ける際の心構えなどを命

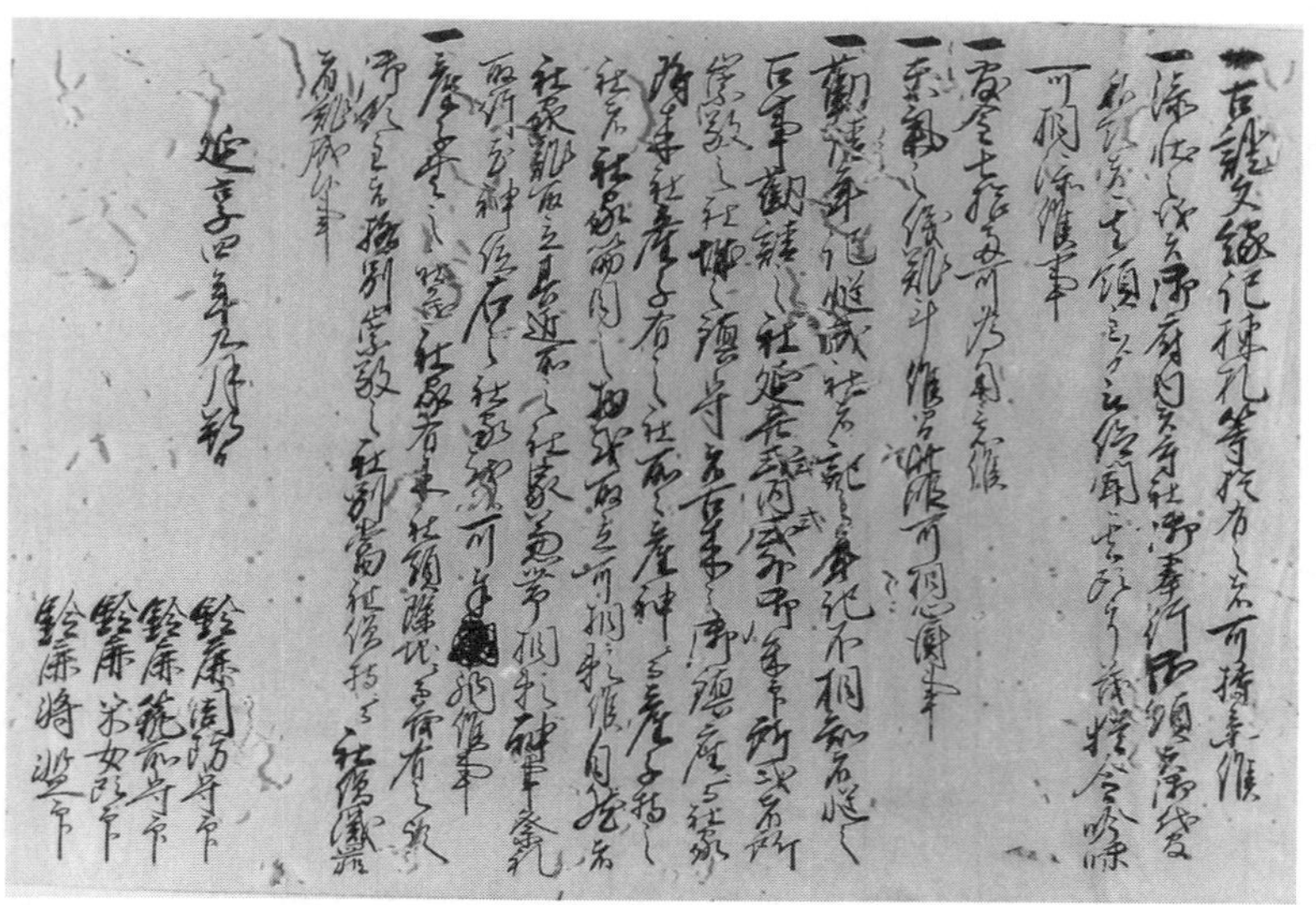

●──1747(延享４)年９月１日，吉田家四家老連名６カ条

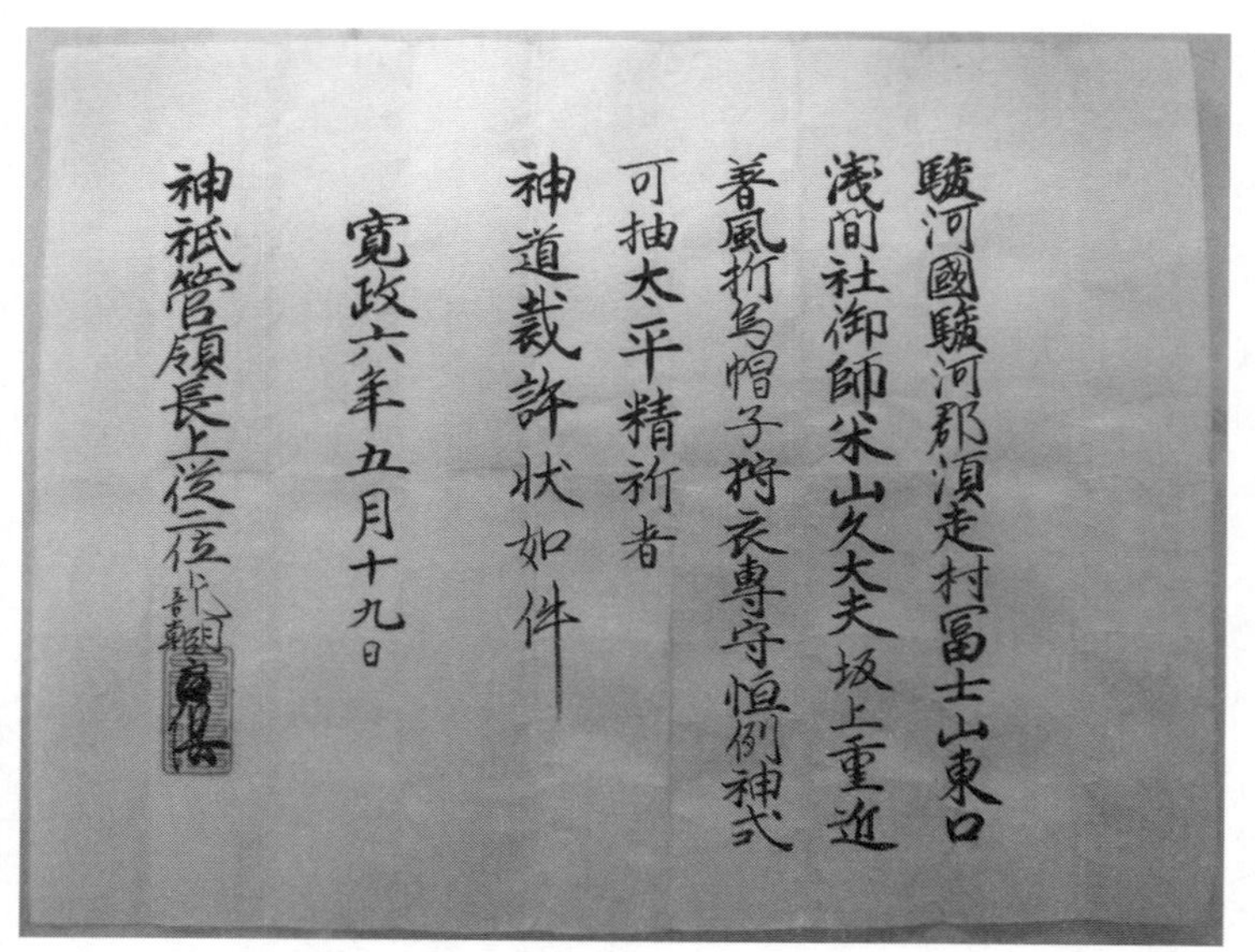

駿河國駿河郡須走村冨士山東口
淺間社御師米山久大夫坂上重近
着風折烏帽子狩衣専守恒例神式
可抽太平精祈者
神道裁許状如件
寛政六年五月十九日
神祇管領長上従二位卜部朝臣

●──1794(寛政６)年５月19日，神道裁許状

じた六カ条の文書を発した。神職が吉田家のある京都にのぼる際、神職の所在地の領主と触頭（支配頭）の添状を必要とすることや、神職が裁許状や受領などを受けるための上納金（官金）として七〇両を用意すること、などが命じられた。あわせて勅許は、吉田家が執奏しても必ずえられるとは限らないことも知らされている。

ちなみに吉田家の組織は、椙山林継氏によれば四家老のもとに、国々の神職の取次ぎをする役人（諸国御用掛役人）が十数人いて、何カ国かを分担して配下の神社神職を管理した。吉田家では、当主が堂上の公家（神祇官の大副）として朝廷に仕え、これを補佐する雑掌▲たちがおり、そのほかに吉田社（二十二社の一つ）の祭りや社務を担う社人（預・禰宜・祝など）がいたので、大きくは三つの性格をもった人びとによって構成される組織であった。

一七四七年十月、吉田家四家老は「諸国神社神位の儀、是迄吉田家にて取行ない候えども、向後は勅裁の旨仰せ出され候事」を命じた。神社の神々の位階、たとえば「正一位稲荷大明神」の正一位という神位階を、室町時代以来の慣行で、吉田家は神祇管領長上家として「宗源宣旨」▲の形式で発行してきた。井上

▼**雑掌**　公家の家の事務をとった家司の呼称。

▼**「宗源宣旨」**　吉田家から配下の神社に正一位などの位階や神号などを授けるために発給した独自の宣旨。吉田兼倶が創出した。

智勝氏によれば、一七一六(享保元)年に一二二通、一八(同三)年に一二三通、一九(同四)年に一一四通発給したのをピークに、一六九一(元禄四)年の三通から一七三八(元文三)年の五〇通まで、毎年神位階を授ける宗源宣旨を発行してきた。しかるに一七三九(元文四)年から吉田家が神位階を宗源宣旨によって発給する形は消えた。幕府(徳川吉宗政権)と朝廷(桜町天皇・関白一条兼香)が官位叙任について制度の見直しをはかったことによる。一七三八年、関白一条兼香は議奏をとおして、吉田・白川・藤波三家に、神位階授与神社の書上げを命じて現状を把握した。かくして、吉田家独自の宗源宣旨による神位階の発給は中止に追い込まれ、その結果、一七四七年十月に、配下神職に広く、今後、神位階は勅裁に限ることが厳命されたのであった。

八神殿の併存

一条兼香の子である一条道香が、桃園天皇▲の摂政・関白として、朝廷に重きをおく頃、前代に引き続いて、神祇制度復活にかかる動向がみられた。一七五一(宝暦元)年、白川家の屋敷内に八神殿の再興が行われたのである。かつて神

▼桃園天皇　一七四一～六二年。在位一七四七～六二年。

祇官に存在した八神殿は焼失後、前述したように、一五九〇(天正十八)年に吉田神社の大元宮(斎場所)の背後に設立し、神祇官代と称して存在してきた。一七四四(延享元)年の甲子革令で上七社と宇佐・香椎宮奉幣使が発遣された際、あわせて九社への勅使九人は残らず吉田社に参向した。その理由は「神祇官にて御座候由」というもので、吉田社の八神殿が神祇官のかわりとして認識されていた。

これに対して白川家は八神殿の再建に向かう。かつて京都内野にあった八神殿が焼亡した時、御正体だけは守り、白川家が伝存してきたが、一条兼香・道香によって本物であるとの確認がなされた。そこで白川雅富は屋敷地に小社を建て、八神殿として再興し、朝廷より初穂を頂戴した(「伯家記録考」)。また後年(一八三八〈天保九〉)に記された三河国白川家目代竹尾但馬の「神祇伯職掌演説書」には、朝廷より黄金若干を賜って伯王家宅地に八神殿御再興あるべき旨、勅命によって一七五一年十一月、御造営し遷宮がなった、と記される。以後、吉田社斎場所と白川家屋敷に八神殿は併存することになった。

この頃から、白川家に神祇伯としての自覚が目覚め、神祇官を担う気概が生じたとしても不思議はない。天皇の「毎朝御拝」の代官をつとめ続けてきたが、八神殿の再建の行動はその証といえよう。一七五七(宝暦七)年には、白川家は弟子たちを畿内諸国の神社へ派遣し、神社・神職の吟味を行わせたうえで、白川家に随属するように取りはからわせた。これまで執奏家のなかった神社・神職の執奏を、吉田家同様に白川家が行うべく、まず畿内の神社を手始めに弟子たちを派遣したものであろう。

吉田家に、配下の神社から白川家の行動が知らされた。吉田家は武家伝奏(広橋兼胤・柳原光綱)に、白川家の行為をとめさせてほしいと訴えた。武家伝奏から関白(近衛内前)にこのことが伝えられ、関白から白川家に対して、今後弟子たちを神社にまわらせることのないように命じた。白川家はそれに従い、吉田家も納得した。幕府もこのことに関心を示し、翌一七五八(宝暦八)年九月、これまで執奏家をもたなかった諸国の神社と白川家との関係について、朝廷にただした。これに対する朝廷側の回答は、白川家は代々神祇伯ではあるが、神祇官の実態はなく、諸国社家などの支配にかかわることは現在ない、白川家が社家の官位などを執奏する神社は、山城国松尾社と旅所、伏見稲荷社、大原野社、出雲国日御崎社、近江国建部社だけであるが、ただし、白川家へ執奏のことを頼み来る社家があれば、その場合は吟味を加えて執奏する、白川家に弟子入りした門人に国名や百官の呼名(民部など)をつけることはある、などの回答であった。幕府・朝廷が一六七四(延宝二)年・一七一九(享保四)年に確認した「諸社禰宜神主法度」第二条の解釈(五六ページ参照)がここでも踏襲されており、他の公家と同様に、白川家に執奏を依頼する社家があったならば、これを執奏することが容認された。宝暦期以前の白川家は、各地の神社神職から関係を求められ、これに応える事例はあっても、他の公家と同等の神社伝奏としての範囲にとどまっていた。しかるに宝暦期からの白川家は、みずから神職を積極的に配下に獲得し、吉田家と同様の地位をめざそうとしたものと考えられる。

天明の再触れ

このような状況から一七五八(宝暦八)年、吉田家は幕府に「諸社禰宜神主法度」をふたたび触れてくれるよう願った。再三、幕府に願ったが、幕府は諸国の神社がことごとく吉田家の指揮を受けるというものではないのだから、再触

▼宮座　村の神社をまつる村人のみの祭祀組織。神職はおらず、村人の代表が神事を担当した。

れによって吉田家の配下にない神職どもはかえって差しつかえることになるのではないか、と消極的であった。しかるに一七八二(天明二)年、幕府は「諸社禰宜神主法度」を全国にふたたび触れた。前述の懸念を超えた、あらたな社会の動向に対処するために、幕府は触れを必要と考えたのである。幕府の意図は、触れ(一六六五〈寛文五〉年と同文)の末尾につけられた文書に明瞭である。すなわち「神職にこれ無き村持ちの社」あるいは村長が「宮座諸座」などと称して神事祭礼を営む族もあるという、これらを対象に法度を守らせることを命じるものであった。専業神主のもとに付属していた社守と呼ばれた者が、自立しようと吉田家・白川家の許状を受けて、専業神主と同様の扱いを受けようとする、身分上昇の動向が各地でみられた。また従来は神主がなく、宮座構成員が神社を管理していたところ、宮座の代表的座員が神職をめざすような動きもみられた。

そのほかに、前述の駿河国駿東郡小山村のように、百姓身分で村持ちの神社を管理する鍵取や、大きな神社や富士山のような信仰対象に、参詣する人びとの宿泊や神社の守札を配る御師などは、本来の百姓身分から神職身分に身分を移動させていった。また、江戸や大坂のような大都市では、神道者と呼ばれ、神職の姿をして家々の門に立ち、門付芸のように祈禱をして銭を貰い受ける存在も発生した。

白川家の「諸国神社附属帳」によれば、宝暦期(一七五一〜六四)に六四社であった白川家所管神社は、文化期(一八〇四〜一八)に二九二社になっており、いかにこの期間の白川家による組織化が積極的であったかがわかろう。吉田家から一〇〇年近く後発の白川家は、すでに吉田家の配下に入った専業神主の周縁に存在した、社守・鍵取・御師・神道者たちを配下におさめようと、学頭などを派遣した。幕府は、吉田家による一元的組織化にこだわらず、他の公家たちの執奏(伝奏)を容認したことは前述した。特定の執奏家のない神社は、『雲上明鑑』の記載によれば、従来、吉田家の一家支配としていた無伝奏の諸国神社の執奏を、寛政期の記載から、吉田家と白川家の両家による執奏を公認するものに変化したのである。白川家の組織化の努力の結果が反映されており、白川家門人はしだいに増加していった。

これに対し、吉田家も積極的に組織化をめざした。そのため、白川家と競合する地域も発生した。かつて駿河国駿東郡の古沢村高村氏が山伏との争論に敗

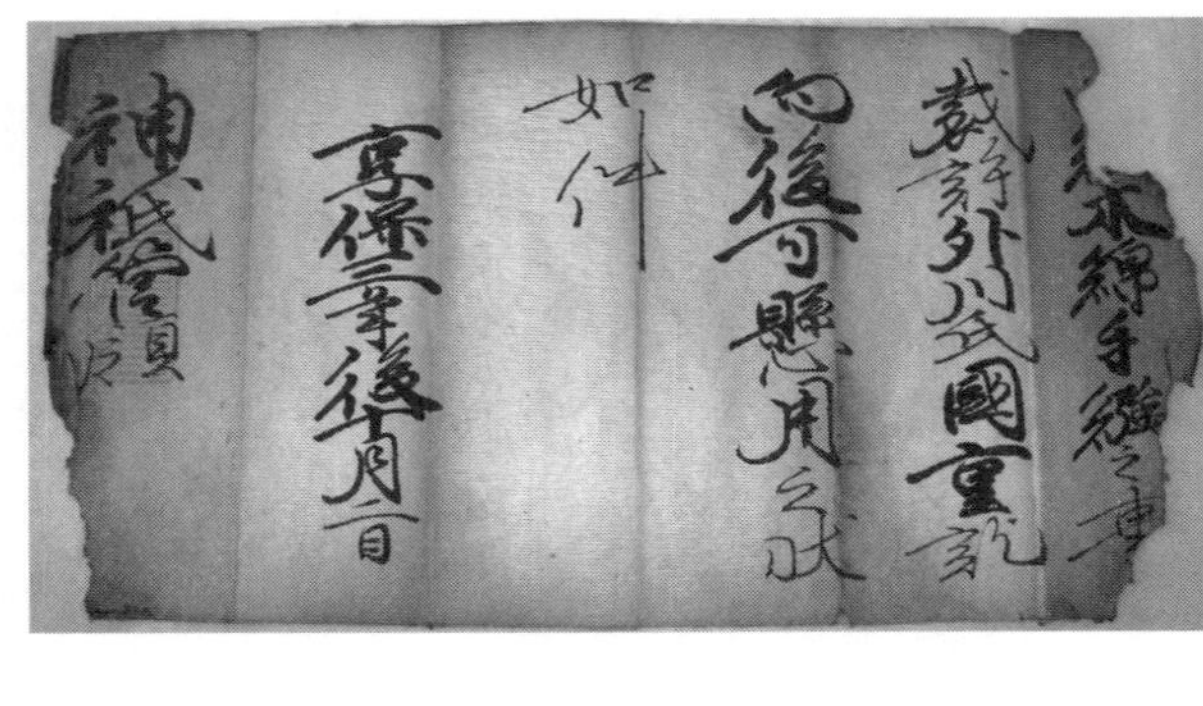

●—「四組木綿手繦」の許状

れ、元禄期(一七〇〇年前後)に吉田家の権威にすがったことを思い返していただきたい(六五～六六ページ参照)。その後、一七四七(延享四)年に吉田家四家老が神位階勅許などを命じたように、この地域では吉田家の管理・統制が行われてきた。その後一七九七(寛政九)年、吉田家出役人として椙山加賀守が古沢村高村氏を訪れた。椙山加賀守は下総国の神社持ちの神職であるが、吉田家が江戸役所を一七九一(寛政三)年に開設すると江戸役所出役人として武蔵・甲斐・駿河などを廻村して神社や神職の許状などの改めを行っていた。今回の巡回は、神祇道法令の遵守(装束改めなど)や京都吉田家の斎場所・宗源殿・神学校修造助成金の協力を直に依頼することを目的とした。神職たちはこれに従い、吉田家への修造助成を今後一〇年間行うことを約束している。

それから二〇年後、一八一六(文化十三)年には京都吉田家から直接鈴鹿内蔵介・大宮若狭と供者四人が派遣された。吉田家役人の目的は、一つは古沢村高村氏・菅沼村高村氏が兼帯する氏子圏の抱え宮の鍵取たちを統制すること、もう一つは須走村における御師たちの統制問題であった。一つ目の鍵取に対し、百姓のまま鍵取をするのは幕府の条目と神祇道の趣意に反するから、吉田家

●小野大和守口宣案

に入門して「四組木綿手繦」などの許状を受けるように命じた。こののち少なくとも一五人の鍵取が免許料をおさめて吉田家の免許状を受けている。鍵取たちは許状取得によって姓氏をもつ特別意識をいだくことになり、その他の村人（百姓身分）との違いを意識することにもなった。

富士山御師

もう一つの須走村御師についてであるが、須走村には浅間神社があり、神主小野大和守がいた。戦国期には民部と名乗っていたが、元禄期に吉田家から許状を受け小野大和守となった。神主に付随する御師たちのうち、一七〇三（元禄十六）年に四人が御師の肩書で訴訟文書にあらわれる。御師は富士山を参詣する導者（道者・堂者と呼ぶ地域もあるが、富士山では導者と記されることが多い）のために、家に木花開耶姫をまつる祭壇を備え、導者たちを宿泊させ、潔斎をすませて山頂までの案内をした。参詣者の増加にともない、御師の数も増し一七四九（寛延二）年一七人が連印して御師仲間をつくり、小田原藩に公認された。やがて須走村の御師たちは、吉田家の許状を受けることで百姓とは異なる神職

●──「富士参詣須走口図」（部分）　中央の浅間神社の手前の集落に御師たちが居住した。

の身分に近づくことを求めた。神事奉仕にあたって袖を掲げるのに木綿という楮皮を材料にした糸状の襷を着用したが、その免許を吉田家に求めた。自発的に一七一八（享保三）年に許状を受けた事例があるが、一八一六（文化十三）年に吉田家はすべての御師に許状の取得を命じたのであった。

須走村の浅間神社神主も御師たちも、すべて吉田家の許状を受けていたが、籠坂峠を越えた甲州郡内（都留郡）地方の、富士山参詣道の川口村や吉田村では事情が異なった。川口村では三浦家が徳川将軍家とつながりをもつ別格の御師として存在したが、三浦氏は吉川惟足とも関わりをもち、吉田家の執奏で一六七八（延宝六）年に従五位下淡路守の官位を叙任された。浅間神社神主の宮下氏も吉田家から許状を受けていたが、その他の徐々に数を増した御師たち一〇八人とのあいだに、一七六〇（宝暦十）年に争論が起こる。吉田家の許状をもつ神主と三浦氏に対し、一〇八人の御師たちは白川家の許状を受けて、二人の特権に抵抗したのであった。幕府による裁許は、御師側の敗訴と呼べるもので、白川家に許状を返納させるものとなった。白川家は学頭を派遣して神拝次第・護身神法などを御師に伝授していたが、その影響は残る。その後、安永期頃に学頭森昌胤は川口村で伝授につとめ、当地で没したが、石碑が残されている。白川家の強い意欲の一端を示していよう。

同じく富士参詣の導者を集めた甲斐国吉田村では、一七四〇(元文五)年には御師の数は八〇人を超え、六四(宝暦十四)年には九〇人を超える御師が活動していた。これらの御師は、一七一〇年代までは神仏習合の信仰のもと、「浅間大菩薩」を祭神として浄衣の上に袈裟を着用するような装束で活動した。しかし富士浅間神社本宮(富士宮市)の権威失墜と連動したものであろう、以後、京都吉田家の許状を受けはじめる。しかしながら、やがて白川家の進出が始まり一七五九(宝暦九)年から、御師のなかに白川家の配下になる者があらわれ、一八一一(文化八)年には「白川家門人帳」に二五人の名前が見出されるようになる。

伯卜論争

白川家が各地の神職(神主・鍵取・御師・神道者)を宝暦期から活発に配下におさめようとしたことから、先行していた吉田家もこれに対抗し、上述したように各地で争論になった。一八一五(文化十二)年、吉田家は配下神職でありながらに白川家の門人になった神職の事例に基づき、幕府に訴えを起こした。翌年から、吉田・白川両家は幕府・朝廷に審議を求め、論争を呼んだことから、一連の争論を「伯卜論争」と呼ぶ。間瀬久美子氏によれば、吉田家にあたえられた幕府法令や一七五七(宝暦七)年の関白による畿内近国白川家の廻村禁止命令など、圧倒的な吉田家の証拠により、光格天皇を中心とする朝廷は、吉田家に有利な官裁を行った。

これで一件落着するかとみえたが、白川家は一八一六(文化十三)年閏八月に再審議を訴えた。朝廷による再調査が行われることになり、伯卜論争は長期化した。仁孝天皇即位時の神道伝授を白川家が拒むという抵抗により、さきの官裁は撤回され、そのまま振出しに戻ったまま、「伯卜論争」は放置された。一八四〇(天保十一)年、寺社奉行松平伊賀守によって、吉田・白川両家の争点となった神社の帰属について評定所の評議によって決定した。これで四半世紀にわたった「伯卜論争」の決着をつけたものの、その他の地域では幕末にいたるまで神職をめぐる両家の争いは消えなかった。

▼**光格天皇**　一七七一～一八四〇年。在位一七七九～一八一七年。

▼**仁孝天皇**　一八〇〇～四六年。在位一八一七～四六年。

神葬祭

「伯卜論争」でいったん一八一六(文化十三)年に「官裁」が出されたあと、白川家がこれを押し返した背景に、三河国神主たちの白川家支持の強い姿勢がみられた。このような、在地の神職たちが本所やさらには朝廷・幕府に抵抗する力を発揮したことで、無視することのできない存在感を示した。在地の神職たちは幕末に向けて、神職としての自覚と自立を高めていった。それまで仏教寺院の檀家になって、寺請証文を受け、檀那寺僧侶に引導を渡してもらうという、幕初から続く寺檀関係を解消し、死後は僧侶に依存せず、自身で神道の教義によって葬祭することの主張を始めたのである。

宝暦期に白川家配下神職に神葬祭の願いが出された事例が下野国でみられた。吉田家配下でも、一七七三(安永二)年、常陸国土浦藩内の神職たちが寺院による宗門改めから離れ、独自に神葬祭を行うことを要求したのが最初の事例とされる。その後、各地において神葬祭要求の動きが神職によって示されていった。澤博勝氏によれば一八〇六(文化三)年、遠江国引佐郡神宮寺村神主山本筑前が神葬祭を願うにあたっての手続きを詳述している。山本筑前から吉田家に宛

▼龍潭寺　静岡県浜松市井伊谷にある臨済宗妙心寺派寺院。井伊家の菩提寺。井伊家が彦根城主となったのちも保護を受けた。

てた願書によれば、自分はこれまで禅宗龍潭寺▲を頼み仏葬を執り行っており、宗門改めの節も禅宗ととなえてきた、このことは神社条目（「諸社禰宜神主法度」）の「専ら神祇道を学ぶ」との趣旨に反し、神職の職分にあるまじきことで、年来なげかわしくすごしてきた、このたびお願い申し上げ、神葬祭と宗門証状によって、神職の法が立つように願い上げる、というものであった。吉田家は、前もって領主（旗本近藤氏）の許可が必要であると答えた。近藤氏は、宗判寺院の承認が必要であると答えた。山本筑前は、寺檀関係については、本所吉田家から神道裁許状を受けている身分の者は、本所からの禁教の信者ではないことの請状により離檀するが、妻子は神職ではないので従来どおり檀那寺から寺請けを、と考えていた。

椙山林継氏によれば、幕府寺社奉行は「吉田家より自身葬祭免許受候へは、当人並びに嫡子は寺院の宗門を離れ、葬祭執行候義に候、外家内は旦那寺を離候事は相成らざる義に候」（一七八五〈天明五〉年）と松本藩からの問合せに答えた。さらに、一七九一・一八一九（寛政三・文政二）年にも、寺社奉行は本人・嫡子のみの神葬祭を認める判断を示している。しかるに、関東地方の旗本・幕領で

●――孝明天皇の賀茂社行幸(『孝明天皇紀』附図)

は神職当人・嫡子のみならず妻子にいたるまで神葬祭とし、神主の宗判で人別(にんべつ)改めをする幕末の事例が指摘されている。神葬祭をとおして、神職たちが仏教のもとから自立し、神祇道をもっぱら学ぶ者としての自覚をもったことは明らかであろう。これは一六六五(寛文五)年の「諸社禰宜神主法度」を盾にとって進められた、いわば合法的な在地神職たちによる運動であった。結果的には、幕府による長年続いた寺檀制度を、打ち破る神葬祭運動となったことに注目する必要がある。

幕末の朝廷神事

江戸幕府から天皇の行幸(ぎょうこう)は禁じられており、大嘗祭(だいじょうさい)の前に賀茂河原(かものかわら)での禊(みそぎ)行幸ができなかったことは前述した(二〇ページ参照)。しかるに一八六三(文久(ぶんきゅう)三)年三月、孝明(こうめい)天皇は賀茂社に行幸し、四月には石清水八幡宮(いわしみずはちまんぐう)に行幸して攘夷(じょうい)を祈願した。孝明天皇の乗る鳳輦(ほうれん)の後ろには将軍以下、諸大名が供奉(ぐぶ)した。この年、将軍徳川家茂(いえもち)に天皇から政務委任がなされ、二つの行幸はその象徴的な出来事となり、朝廷が幕府の上位に立つ、朝幕関係の逆転が社会のなかに印象づけられることになった。それ以降、朝廷主導で「朝廷復古」がめざされた。その結果も反映された一八六六(慶応二)年の『公卿補任』▲に記された一年間の朝廷行事のうち、神祇にかかわる事柄を表(次ページ)に示した。

『公卿補任』には記されないが、三重構造の「内の神事」である毎朝の御拝は実施されている。表には「内の神事」として内侍所臨時御神楽が三月十七日と十二月十一日に記されている。つぎに「表の神事」では、元日の四方拝、十一月二十四日の新嘗祭と前後の卜定▲と豊明節会が記される。「外の神事」では、伊勢神宮をはじめとする二十二社のうち、伊勢・石清水・賀茂・松尾・春日・大原野・吉田・北野・祇園社の勅祭や奉幣がなされている。二十二社ではないが、日光東照宮奉幣使発遣がなされたほかに、熱田宮正遷宮・神武帝山陵奉幣使発遣が注目される。東照宮奉幣使は、一八六二(文久二)年までは勅使に参議の公卿が選ばれてきたが、翌年からは公卿より格下の堂上公家のなかから選任され、それでも一八六七(慶応三)年まで途切れることなく遣わされた。熱田宮は二十二社ではないものの、三種の神器の一つ草薙剣をまつる神社として、天皇家にとっての重要神社として勅祭となったものであろう。神武帝山陵に奉

▼**『公卿補任』**　神武天皇の代から一八六八(明治元)年にいたる公卿の名簿。公卿の氏名を、歴代官職順に列記している。各年の冒頭に朝廷の年間行事が記載される。

▼**卜定**　亀卜によって日取や方角を占い定めること。

●—1866(慶応２)年，朝廷の神祇関係表

月.日	行　　事
正.1	四方拝(御座を設ける。出御なし)
11	神宮奏事始
12	賀茂奏事始
2.1	大原野祭
17	春日祭使発遣
3.8	神武帝山陵奉幣発遣使定
17	今夜より内侍所において三箇夜臨時御神楽行われる
23	石清水臨時祭。同夜社頭において御神楽
28	東照宮奉幣発遣日時定
4.7	松尾祭(再興)
11	熱田宮仮殿遷宮日時定(消息)
20	賀茂祭
23	吉田祭
6.15	祇園臨時祭，同夜社頭において御神楽
8.5	北野臨時祭，同夜社頭において御神楽
14	熱田宮正遷宮日時定
9.5	熱田宮正遷宮
	例幣発遣
15	石清水放生会(式月洪水により延引)
11.4	春日祭使発遣
14	神祇官代において新嘗祭卜定
17	吉田祭
21	大原野祭
24	新嘗祭行幸召仰
	同夜新嘗祭
25	豊明節会
30	賀茂臨時祭，還立御神楽行われる
12.11	内侍所臨時御神楽

『公卿補任』より作成。

幣使を発遣したのは一八六四(元治元)年からのことである。一八六三年に畝傍山東北陵を勅裁によって神武天皇陵と確定し、翌年から勅使が派遣されるようになったものである。

ところで一八六二年以前の神事の事例として、一七〇五(宝永二)年の『公卿補任』に記された神事の事例と比較してみることにする。「内の神事」では毎朝の御拝は記されないが、そのほかに内侍所臨時御神楽が十一月一日に、内侍所御神楽が十二月十三日に行われている。「表の神事」では元日の四方拝と十一月十九日の新嘗御祈があげられる。一七四〇(元文五)年に新嘗祭が正式に再興されるまで、かわって行われたものである。「外の神事」では伊勢例幣使や石清水・賀茂・春日の勅祭と東照宮奉幣使発遣がなされている。つまり内・表の神事は共通しており、外の神事では東照宮奉幣使が共通し、二十二社における神事は、松尾・大原野・吉田・北野・祇園の五社が加わり、あわせて九社になった。また、あらたに熱田宮・神武帝山陵奉幣が加わった。

一八六六年に向けて、いかに「朝廷復古」を神事において実現させたかがわかる。しかしながら、そこには祈年祭や月次祭などは一切記されることはなかった。江戸時代の朝廷には、最終段階になっても神祇官は存在しなかったのである。また、全国の神社神職は、吉田家・白川家や諸公家の執奏を受け、その配下におかれる状態にあった。そのことは、江戸幕府と朝廷の両者によって「諸社禰宜神主法度」の条文解釈をたびたび確認したうえでの原則であった。

④ 明治から現代にいたる神社

明治維新と神社制度

一八六七(慶応三)年十二月九日、朝廷は王政復古を宣言した。王政復古の沙汰書には、今後、摂関・幕府などを廃絶し、諸事「神武創業」の初めに基づくことが宣言された。江戸幕府の廃絶を宣言するのは当然としても、摂政・関白・内覧のほか武家伝奏・議奏や、幕末になって設けられた国事御用掛▲の廃止も命じた。つまりは、平安時代に始まり鎌倉・室町時代をへて江戸時代に継承された、令制にない朝廷の役職で、ここまで体制として機能していたものであった。これらの朝廷の役職と機構は、江戸幕府が容認し機能させていたものであったから、江戸幕府ともども、摂関などを否定するには、摂関の存在しなかった「神武創業」の初めに基づく必要があったのである。

それから三カ月後の一八六八(慶応四)年三月十三日、維新政府は神社制度に関する布告を発した。王政復古＝神武創業の初めに基づき、諸事を一新し、「祭政一致」の制度に回復するために、第一に「神祇官御再興御造立」を行い、そ

▼**国事御用掛**　一八六二(文久二)年、朝廷内に新設された職。朝議から廃除されてきた親王の参画が国事御用掛に任命されることで可能となった。

のうえでおいおい諸祭奠も興こすことが命じられた。「祭政一致」はこの時からめざすべき目標であった。第二に、「諸家執奏配下」の儀はとめられ、あまねく「天下之諸神社神主・禰宜・祝・神部」にいたるまで、今後は神祇官付属とするので、官位をはじめ諸事万端、神祇官へ願い立てるよう心えるように、という内容の布告であった。

神祇官を再興すること、これが第一に求められたのだが、それ以前、神祇官は存在していなかったという認識を前提とする。吉田家と白川家のそれぞれが八神殿を備え、神祇官代とされてはいたが、神祇官そのものの存在はなく、祈年祭も行われることがなかったことはこれまで述べてきたとおりである。一八六八(慶応四)年正月十七日の神祇事務掛、二月三日の神祇事務局の設置を受けて、閏四月二十一日神祇官が再興された。翌一八六九(明治二)年三月七日に明治天皇が東京に向かい京都を出立する。天皇は三月十二日に伊勢神宮をはじめて参拝し、二十八日には東京城に到着した。京都に残された天神地祇・八神・皇霊をまつる神殿を神祇官に設けた(一八七〇年正月)。神祇官は一八七一(明治四)年に神祇省と改められたが、さらに七二(同五)年三月に神祇省は廃止され、教部省▲が設置されることになった。神祇省内の神殿は皇居に移され、宮中三殿（賢所・神殿・皇霊殿）の形が整えられる。

　神社制度に関する布告の二つ目の内容は、全国の神社の神職（神主・禰宜・祝・神部）は再興される神祇官の付属とすることを命じたもので、それまで神社神職が諸公家の配下にあって官位などの執奏を願ってきたことを廃止し、これからは神祇官に願い出るようにさせた。江戸時代の神社制度の骨格ともなっていた、吉田家や白川家を中心に、その他の公家も含めて、全国の神社神職の統制を担わせてきた方式を否定し、すべての神社神職を一元的に神祇官の付属に改めるものであった。伊勢神宮は宮中祭祀と一体とされて除かれ、一八七一年五月、神祇官によって、官幣大社に、二十二社から賀茂・石清水・松尾・平野・稲荷・春日など、また伝統的大社の香取・鹿島・熱田・日前・出雲・宇佐などあわせて二九社が指定され、官幣中社・小社もあわせて序列化され、その後も数を増加させ国家の保護・管理のもとにおいた。

▼**教部省**　一八七二（明治五）年三月、神祇省を廃止して設置した神仏合同の宗教行政を担当した官庁。一八七七（明治十）年に廃止され内務省社寺局に移管。

神仏分離令

明治維新政府は、引き続いて一連の神仏分離令を命じた。一八六八(慶応四)年三月十七日に諸国の神仏習合した神社を支配したり付属したりしていた別当や社僧に還俗を命じ、三月二十八日には仏像を神体にしている神社の仏像の除去や梵鐘などの仏具や仏教の什物の排除を命じた。四月二十四日には八幡大菩薩▲の称号を禁止させた。さらに閏四月四日には還俗した別当・社僧は神主・社人の名称に変えて神道に転ずるように命じた。その当時まで続いていた別当・社僧支配の神社はもちろん、神仏習合した要素を神社から払拭させるのが維新政府のねらいであった。

神仏習合を否定する神仏分離の政策は、天皇・朝廷が行ってきた皇位継承儀礼や国家安全・五穀豊穣などを祈願するための国家祭祀を大きく改めることになった。天皇の即位にあたり大嘗祭を挙行したのは、一六八七(貞享四)年、東山天皇の時に二二一年ぶりのことであり、桜町天皇の一七三八(元文三)年の大嘗祭から歴代天皇が今日まで実施してきたと述べた。山口和夫氏によれば、天皇即位にあたっては、真言密教にのっとり印明▲伝授を受け大日如来と一体

▼八幡大菩薩　宇佐氏の氏神である八幡神に対し、七八一(天応元)年朝廷から仏教の「大菩薩」号があたえられ、神仏習合した信仰対象となる。

▼印明　両手の指を組み合わせて密教の理念を表現し、口で真言(真理をあらわす呪文)をとなえること。

化する秘法である即位灌頂を歴代の天皇が実施してきた。しかるに明治初年からは、即位灌頂は廃止され、大嘗祭のみが実施されるようになった。

歴代天皇の葬儀は仏教式で挙行され、京都東山にある菩提寺泉涌寺の墓地に葬られた。禁裏には黒戸御所と呼ばれる持仏堂があり、歴代天皇の位牌と薬師如来・大日如来など六四体（明治初年）の念持仏や仏画があり、天皇は仏を拝し、経を読んだ。黒戸御所は明治維新後、解体され、位牌や持仏などとともに泉涌寺に移築され海会堂として存続している。明治期からは、持仏堂にかわり歴代天皇の霊は皇霊殿にまつり神道式によって皇霊祭が行われるようになったのである。また、平安時代に空海によって始められた正月の後七日御修法▲を、真言院の存在しない江戸時代にあっては、清涼殿において東寺長者が行い玉体安穏・鎮護国家・五穀豊穣を祈願したが、一八七一（明治四）年に廃止された。つまりは、天皇・朝廷が国土安穏・五穀豊穣などを仏教式・神道式によって祈願してきたうちの、仏教式を廃止したのであった。これが天皇・朝廷にとっての神仏分離であった。

東照権現をまつる日光東照宮においても神仏分離が強制された。朝廷から

▼**後七日御修法**　朝廷の年中行事の一つ。正月八日から七日間、東寺長者によって国土安穏などを祈願する密教の修法。真言院の焼失後は、清涼殿などをかわりに用いた。

毎年の奉幣使(例幣使)は日光東照宮に一八六七(慶応三)年四月まで派遣された。それまで輪王寺門跡が東照宮や二荒山神社▲の管長として日光一山を支配してきたが、輪王寺門跡公現法親王は上野戦争に巻き込まれたのち、一八六八年九月、京都伏見宮家に謹慎させられた。十一月には日光輪王寺門跡が廃止された(太政官達)。公現法親王は還俗し能久王▲と称して、一八七二(明治五)年北白川宮を相続した。戊辰戦争の戦火は日光に迫ったが、日光山に陣を構えた旧幕府軍が撤退したことによって、政府軍との戦いの舞台にはならず、東照宮をはじめ日光は戦禍に巻き込まれずにすんだ。

　一八六八年九月、日光側は、神仏習合の長い歴史があり、建築物にいたるまでの分離は不可能であると、神仏分離を回避したいとの意思を政府に示した。このように、分離は容易には進まなかったのだが、二年余りたった一八七〇(明治三)年十二月、日光県から政府に日光での神仏分離実施に向けた道筋が上申された。翌年正月、政府から回答がなされ、日光の神仏分離が実施されることになった。すなわち日光側は、二荒山神社は他の式内社と同様にする、東照宮は、百有余年の勅祭であったことはもちろん、勅額などまでくだされており、

▼二荒山神社　栃木県日光市山内に鎮座する本社と男体山山頂の奥宮、中禅寺湖畔に中宮がある。中宮には神仏分離以前は中禅寺が存在した。

▼能久王　一八四七〜九五年。伏見宮邦家親王の第九王子。一八六七(慶応三)年輪王寺宮門跡となり、戊辰戦争により六八年京都伏見宮家に謹慎。一八七〇(明治三)年ドイツに留学し、七二年北白川宮家を継ぐ。一八九五(明治二十八)年近衛師団長として台湾出兵中に台南で病没。

「維新の際といえども全御廃絶相成り候筋にもこれ無き哉」と上申した。さらに輪王寺門跡のいなくなった萬願寺（勝道上人開基後の寺号）は両社との関係を廃止し一寺院とする、と上申した。これに対し政府は翌年正月に、東照宮も二荒山神社同様に扱うとの回答をし、さらに萬願寺（八三年、輪王寺の寺号に復す）を「寺院一般」の扱いとするとの回答をあたえた。そのうえで、日光の堂塔は図面をもって毀すか毀さないかをうかがうようにと命じた。以上、日光の神仏分離は、一山全体を管領した輪王寺門跡を廃し、二社一寺が自立した存在とすること、あわせて神社内の堂塔など仏教の建造物を移築するなどして分離させる形で進められた（『日光市史』下巻）。

神仏分離令の実施にともない、全国では廃仏毀釈運動によって堂舎や仏像が破壊されるような激しい行動につながる地域もみられた。しかし日光の二社一寺では、日光山と日光県と政府のあいだで申請と許可が繰り返されて、江戸幕府にとって最重要であった東照宮や輪王寺門跡寺院を、江戸幕府を否定したように激しく破壊することはなく、一部を改変するだけで現在につなげたことにも注目される。全国各地の神社における神仏分離の姿は、それぞれの神社と地域の個性や特徴によって、多様であったと考えられよう。

以上、江戸時代の神社について叙述してきた本書は、ここまででひとまず終止符を打つことにする。その後の、現在にいたる神社制度について、限られた紙数ながら以下に概括してみよう。

明治憲法と神道

一八八九(明治二十二)年二月、大日本帝国憲法が発布された。これ以降、一九四七(昭和二十二)年五月までの五八年間、国家統治の基本原理として機能し続ける。その第一条で「大日本帝国ハ万世一系ノ天皇之ヲ統治ス」、第三条で「天皇ハ神聖ニシテ侵スベカラズ」と規定された。元首である明治天皇は統治権のすべてを握る総攬者となり、陸・海軍を統帥する絶対的な権限が集中した。天皇を絶対君主とする国家の枠組みが、帝国憲法によって規定されたのである。では、なにゆえ明治天皇は絶対的な権力者の地位に就くことができたのか。それは神話にいう日本が神国であり、皇祖神天照大神から国譲りされ初代の天皇として即位したとされる神武天皇以来「万世一系」(第一条)の天皇が、国家統治する国であり、天孫である明治天皇は「神聖不可侵」（第三条）の神格をもつ、という論理が前提になっている。天皇が「万世一系」で「神聖不可侵」であるという論理を説明するために、政教一致による皇室祭祀や神社・神道が大いなる役割を担わされたのである。

一八七一（明治四）年十月「四時祭典定則」によって天皇親祭が定められ、「万世一系」を説明するために、あらたに一月三日に皇位の始源を祝う元始祭を創始した。天孫降臨から始まる万世一系の大元の始めをまつる祭典とした。三月十一日は神武天皇の命日とされるこの日に皇霊をまつる神武天皇祭とした。さらに神武天皇が即位したとされる二月十一日の紀元節祭が加わり、宮中祭祀は一九〇八（明治四十一）年の皇室祭祀令で整えられる。皇室祭祀令には一月元日歳旦祭、二月十七日祈年祭、春分・秋分皇霊祭、十月十七日神嘗祭、十一月二十三日新嘗祭、十二月賢所御神楽も記される。この宮中祭祀の多くを、臣民（国民）がこぞって祝うために、祝祭日とした。この皇室祭祀は江戸時代以来行われてきた、「毎朝御拝」、四方拝とともに、祈年祭・神嘗祭・新嘗祭・賢所御神楽が継承されたのに加え、あらたに加えられたもので構成された。政府に

●─橿原神宮外苑の整備奉仕をする生駒山青少年鍛錬道場隊員(一九三八〈昭和十三〉年)

よって加えられたものとは、万世一系の根拠となる元始祭・神武天皇祭や紀元節であり、仏教色を否定したのち先祖(皇霊)をまつる儀式であった。また、神武天皇陵とされた畝傍山をあおぎみる場所に、一八九〇(明治二十三)年、神武天皇が即位したとされる橿原神宮を創建した。人の住む集落をどかし、生きた大木を運び込んで、大樹がならぶ参道を作り上げ、官幣大社に列した。神話の世界の神武天皇が実在したかのように国民に伝える装置を張りめぐらしたのである。

「万世一系」のために元始祭・神武天皇祭と紀元節を備えたほか、天皇の「神聖不可侵」のために大嘗祭が挙行された。一八七一年十一月十七日に東京の皇居吹上庭に大嘗宮(悠紀殿・主基殿)を設え、夜半に明治天皇は神饌を供えた。儀式そのものは江戸時代の京都での大嘗祭と変わりはないとされたが、夜半の天照大神の降臨により、新天皇に神格があたえられるとの解釈がもたれる。同年九月の神祇省の意見書は「天照大神ハ、親ク今上天皇ノ遠祖神ナレハ、今上天皇ハ即チ此世ノ現ツ神ニテ、……」と天皇は現ツ神＝現人神であるとする。その神格化の儀式が、大嘗祭であった。

帝国憲法発布の翌年（一八九〇）、教育勅語が発布された。勅語すなわち天皇の言葉として、その冒頭に「朕惟フニ、我カ皇祖皇宗、国ヲ肇ムルコト宏遠ニ、徳ヲ樹ツルコト深厚ナリ。我カ臣民克ク忠ニ、克ク孝ニ、億兆心ヲ一ニシテ世々厥ノ美ヲ済セルハ、此レ我カ国体ノ精華ニシテ、教育ノ淵源亦実ニ此ニ存ス」とある。すなわち、神話上の天皇の祖先（皇祖）が始め、歴代の天皇（皇宗）が受け継いできた国において、臣民が忠孝の心を一つにして美しい世々とすることこそが、国体の精華であり教育の淵源はここにある、と述べる。臣民に忠孝を守らせ、さらに「一旦緩急アレハ、義勇公ニ奉シ、以テ天壌無窮ノ皇運ヲ扶翼スヘシ」と命じ、天から伝えられた天皇を助け支えるために、命をかけ義勇をもって奉公するよう、命じられた。このような内容をもつ教育勅語は、学校教育をとおして浸透していったが、さらに全国の小学校に天皇・皇后の御真影が下賜され、折にふれて最敬礼が求められた。天皇は現人神として全国民の崇敬の対象となったのである。

●──明治神宮鎮座十年祭　青年団代表が参拝。

▼**青年団**　江戸時代の因習を残す若者組を改組するため、明治以降、忠君愛国を目的に青年会に改組した。大正期以降、青年団の呼称となり、政府の意向を強く受けるようになった。

靖国神社と明治神宮

一八九四(明治二十七)年の日清戦争と一九〇四(同三十七)年の日露戦争によって数多くの戦死者が生まれた。それまでは国内での戦役であり、戊辰戦争・西南戦争で政府軍のもとで戦死した者たちは、一八六九(明治二)年に創建した東京招魂社にまつられてきた。政府は東京招魂社を靖国神社と改称し、別格官幣社に列した(一八七九〈明治十二〉年)。従来のほかの官幣社とは異なり、陸軍省・海軍省の管轄下に入り、明治天皇の命により対外戦争で戦死した者たちを神としてまつった。出征兵士の故郷の村の神社では、武運長久の祈願が行われ、戦死者の顕彰碑が建てられたように、五穀豊穣を祈念する地域の神社である以上に、国家の対外戦争を地域から支える役割を担う存在となっていった。

明治天皇の死後、生き神であった天皇を祭神とする明治神宮が創建された。大正年間(一九一二〜二六)をかけて造作にあたったもので、全国の青年団▲の勤労奉仕と生木の献木一〇万本以上によって、現在見られる鬱蒼たる参道が現出した。一九二〇(大正九)年、官幣大社に列せられた。靖国神社・橿原神宮とともに明治神宮は国家の政治的な意図によって創建されたもので、江戸時代の日

●──1937(昭和12)年建国祭の靖国神社

光東照宮と共通した性格をもつ。

昭和期に入ると、国は大日本帝国憲法の枠組みのもと、あらたな対外戦争に向かっていくが、天皇の絶対化のために、「皇国史観」をもって、「万世一系」と「神聖不可侵」を説いて、臣民を教化していった。靖国神社や地域の神社への参拝も強制されるようになった。こうして国は第二次世界大戦に突き進んでいったのである。

敗戦と日本国憲法

一九四五（昭和二十）年七月二十六日、日本に対する降伏勧告である「ポツダム宣言」がなされた。昭和天皇が「国体の護持」ができるかどうかで受諾を躊躇しているあいだに、アメリカ軍は広島・長崎に原子爆弾を投下した。八月十四日、御前会議において「ポツダム宣言」受諾が昭和天皇の「聖断」によって決定。八月十五日、戦争終結の詔書が発布された。敗戦である。連合国軍による占領が始まるとまもなく、最高司令官総司令部は信教の自由の確立に続いて、十二月いわゆる「神道指令」を発した。国家権力と宗教（とくに神道）の分離、すなわち政教分離を命じた。これ以降、国や自治体が、神社をはじめとする宗教機関に、公費を支出することが禁止された。伊勢神宮・靖国神社・明治神宮・橿原神宮などに公費をそそいではならないという原則である。また国家の役人ではなくなった神主たちに神官という呼称は用いられなくなり、神職と呼ばれることになった。

一九四六(昭和二十一)年元日、天皇は年頭にあたっての詔書を発した。「天皇ヲ以テ現御神(あきつみかみ)トシ」などを昭和天皇みずから「架空ナル観念」と神格を否定したのである。いわゆる「人間宣言(にんげんせんげん)」である。「神聖不可侵」の天皇は一九四七(昭和二十二)年五月の日本国憲法の施行によって、第一条「天皇は、日本国の象徴であり日本国民統合の象徴であって、この地位は、主権の存する日本国民の総意に基く」と主権在民の日本国の象徴と規定されたのである。つまり神聖不可侵の元首から、象徴天皇に改められたのである。

では、即位後の新天皇が天照大神により神格があたえられる儀式とされた大嘗祭は、どのように解釈されるのか。一九九〇(平成二)年十一月に挙行された大嘗祭は、新天皇が天照大神と天神地祇にその歳の新穀を献じ共食する儀式とされ、神格化のための儀式ではないと政府は発表した。またその経費については、公的性格(皇位継承儀式)を認め、宮廷費(内廷費ではない)でまかなうことを政府見解とし、政教分離に反しないとした。

　大日本帝国憲法によって規定された、天皇の神格は否定され続けてきた。では、もう一つの根拠となった「万世一系」は否定されたのであろうか、検討してみよう。一九〇八(明治四十一)年に制定された皇室祭祀令は、四七(昭和二十二)年五月に廃止された。皇室祭祀は天皇家の私的行為となり、内廷費(天皇家の私的経費)によってまかなわれ、儀式を担う掌典・内掌典は天皇の私的使用人となった。現在も、年間におよそ二〇回以上の定例の神事が宮中三殿や神嘉殿で行われている。前述した一九〇八年の皇室祭祀と変わることはないが、あくまで、私的な行事として行われている。皇霊殿は天皇家の先祖をまつるいわば「イエ」の神事であったが、そのなかに四月三日神武天皇祭が含まれる。これに対し、祈年祭・神嘗祭・新嘗祭はおもに五穀豊穣を神々に祈念し収穫に感謝する神事である。歳旦祭・大祓・賢所神楽・除夜祭も行われるが、国家安穏・万民の罪穢の祓、宝祚長久を祈るもので、これらは天皇が国家に担うべき役割を歴史的に果たしてきた神事である。その点、毎朝の御拝については明治以降は掌典が代理をつとめ、戦後は内廷費で担われており、これも同様に天皇が国家安穏・五穀豊穣を祈念するものである。

天皇位の元始(天孫降臨(てんそんこうりん))を祝う元始祭や神武天皇祭が含まれるように、「万世一系」にかかわる神事は現在も内廷費で私的に行われている。「人間宣言」で架空なる観念と否定されながら、皇室祭祀をみるかぎり、天皇家や宮内庁に「万世一系」をみずから否定する考えはみられない。これが「国体の護持」というものであろうか。これとは異なり政府が、戦前に国民の祝日とした紀元節を戦後は廃止しながらも、一九六七(昭和四十二)年に復活させ二月十一日を「建国記念の日」としたことは、「万世一系」やその根拠となる神話を復活させようとする動きなのであろうか。架空の神話と史実を峻別する、実証にもとづく歴史学の果たすべき役割は大きい。

●—写真所蔵・提供者一覧(敬称略, 五十音順)

朝日新聞社　カバー裏, p. 2, 100, 102, 103
熱田神宮　p. 38
出雲大社　p. 35
石清水八幡宮　p. 33
宇佐神宮　p. 32
大神神社　p. 34
小山町教育委員会　p. 79
鹿島神宮　p. 36
宮内庁京都事務所　p. 15
宮内庁書陵部　p. 86
國學院大學博物館　p. 19
国立公文書館　p. 11
鈴木光明・小山町教育委員会　p. 43
諏訪大社　p. 37
高村典子・小山町教育委員会　p. 39, 70上
劔神社　p. 64
東京大学史料編纂所　p. 14
外川容子・小山町教育委員会　p. 78
豊山八幡神社　p. 40
日光東照宮　カバー表
日本大学図書館国際関係学部分館　p. 80
日本芸術文化振興会　p. 10左
福井県観光連盟　p. 41
吉田神社　扉, p. 51, 53
米山芳子・小山町教育委員会　p. 70下

吉田栄治郎「寛文法度の制定と吉田神道」『奈良歴史通信』18号, 1982年
井上智勝「近世の神職組織」『国立歴史民俗博物館研究報告』148集, 2008年
久保田収「出雲大社と神仏分離」『出雲学論攷』出雲大社, 1977年
靱矢嘉史「近世の有力神主と吉田家」『早実研究紀要』38号, 2002年
荒木由起子「神仏習合寺社における一山組織の確立と神職」『近世の畿内と西国』清文堂出版, 2002年
三浦俊明「播州広嶺山牛頭天王社の社家中について」『城郭研究室年報』姫路市, 22号, 2013年

③―吉田家と白川家の神社支配

椙山林継「吉田家国掛役人について」『國學院雑誌』1141号, 2002年
井上智勝『近世の神社と朝廷権威』吉川弘文館, 2007年
久水俊和「中近世移行期の内野神祇官機能の行方」『日本史研究』677号, 2019年
平野榮次「吉田御師の成立と近世におけるその活動」『富士浅間信仰』雄山閣, 1987年
高埜利彦監修・甲州史料調査会編『富士山御師の歴史的研究』山川出版社, 2009年
澤博勝『近世の宗教組織と地域社会』吉川弘文館, 1999年
椙山林継『近世神道神学の萌芽』雄山閣, 2014年

④―明治から現代にいたる神社

羽賀祥二『明治維新と宗教』筑摩書房, 1994年
山口和夫『近世日本政治史と朝廷』吉川弘文館, 2017年
日光市史編さん委員会『日光市史　下巻』日光市, 1979年
西川誠『天皇の歴史 7　明治天皇の大日本帝国』講談社, 2011年
村上重良『国家神道』岩波新書, 1970年
島薗進『国家神道と日本人』岩波新書, 2010年

●―参考文献

神宮司廳『古事類苑』全51巻，吉川弘文館，1908～30年
国史大辞典編集委員会編『国史大辞典』全15巻，吉川弘文館，1979～97年
國學院大學日本文化研究所編『神道事典』弘文堂，1994年
高埜利彦『近世史研究とアーカイブズ学』青史出版，2018年
高埜利彦『近世の朝廷と宗教』吉川弘文館，2014年
高埜利彦『日本史リブレット36　江戸幕府と朝廷』山川出版社，2001年
高埜利彦『近世日本の国家権力と宗教』東京大学出版会，1989年

現在と古代・中世の神社

高谷朝子『宮中賢所物語』ビジネス社，2006年
岡田精司『新編　神社の古代史』学生社，2011年

①―江戸時代の神社

高埜利彦編『シリーズ近世の身分的周縁１　民間に生きる宗教者』吉川弘文館，2000年
石野浩司『石灰壇毎朝御拝の史的研究』皇學館大学出版部，2011年
平井誠二「近世の大中臣祭主家」『大中臣祭主藤波家の歴史』続群書類従完成会，1993年
渡辺修『神宮伝奏の研究』山川出版社，2017年
上田長生『幕末維新期の陵墓と社会』思文閣出版，2012年
島根県古代文化センター『出雲大社文書―中世杵築大社の造営・祭祀・所領―』2002年
小山町史編さん委員会編『小山町史７　近世通史編』小山町，1998年

②―江戸幕府の神社統制

高埜利彦「近世史史料について」『日本史史料［３］近世』岩波書店，2006年
高埜利彦『シリーズ日本近世史３　天下泰平の時代』岩波新書，2015年
間瀬久美子「幕藩制国家における神社争論と朝幕関係―吉田・白川争論を中心に―」『日本史研究』277号，1985年
土岐昌訓「近世の神職組織」『國學院大學日本文化研究所紀要』12号，1963年
西田かほる『近世甲斐国社家組織の研究』山川出版社，2019年

日本史リブレット86

江戸時代の神社

2019年6月30日　1版1刷　発行
2023年11月30日　1版2刷　発行

著者：高埜利彦

発行者：野澤武史

発行所：株式会社 山川出版社

〒101−0047　東京都千代田区内神田1−13−13
電話 03(3293)8131(営業)
03(3293)8135(編集)
https://www.yamakawa.co.jp/

印刷所：明和印刷株式会社

製本所：株式会社 ブロケード

装幀：菊地信義

ISBN 978-4-634-54698-1
・造本には十分注意しておりますが，万一，乱丁・落丁本などが
ございましたら，小社営業部宛にお送り下さい。
送料小社負担にてお取替えいたします。
・定価はカバーに表示してあります。

日本史リブレット　第Ⅰ期［68巻］・第Ⅱ期［33巻］　全101巻

1 旧石器時代の社会と文化
2 縄文の豊かさと限界
3 弥生の村
4 古墳とその時代
5 大王と地方豪族
6 藤原京の形成
7 古代都市平城京の世界
8 古代の地方官衙と社会
9 漢字文化の成り立ちと展開
10 平安京の暮らしと行政
11 蝦夷の地と古代国家
12 受領と地方社会
13 出雲国風土記と古代遺跡
14 東アジア世界と古代の日本
15 地下から出土した文字
16 古代・中世の女性と仏教
17 古代寺院の成立と展開
18 都市平泉の遺産
19 中世に国家はあったか
20 中世の家と性
21 武家の古都、鎌倉
22 中世の天皇観
23 環境歴史学とはなにか
24 武士と荘園支配
25 中世のみちと都市
26 戦国時代、村と町のかたち
27 破産者たちの中世
28 境界をまたぐ人びと
29 石造物が語る中世職能集団
30 中世の日記の世界
31 板碑と石塔の祈り
32 中世の神と仏
33 中世社会と現代
34 秀吉の朝鮮侵略
35 町屋と町並み
36 江戸幕府と朝廷
37 キリシタン禁制と民衆の宗教
38 慶安の触書は出されたか
39 近世村人のライフサイクル
40 都市大坂と非人
41 対馬からみた日朝関係
42 琉球の王権とグスク
43 琉球と日本・中国
44 描かれた近世都市
45 武家奉公人と労働社会
46 天文方と陰陽道
47 海の道、川の道
48 近世の三大改革
49 八州廻りと博徒
50 アイヌ民族の軌跡
51 錦絵を読む
52 草山の語る近世
53 21世紀の「江戸」
54 近代歌謡の軌跡
55 日本近代漫画の誕生
56 海を渡った日本人
57 近代日本とアイヌ社会
58 スポーツと政治
59 近代化の旗手、鉄道
60 情報化と国家・企業
61 民衆宗教と国家神道
62 日本社会保険の成立
63 歴史としての環境問題
64 近代日本の海外学術調査
65 戦争と知識人
66 現代日本と沖縄
67 新安保体制下の日米関係
68 戦後補償から考える日本とアジア
69 遺跡からみた古代の駅家
70 古代の日本と加耶
71 飛鳥の宮と寺
72 古代東国の石碑
73 律令制とはなにか
74 正倉院宝物の世界
75 日宋貿易と「硫黄の道」
76 荘園絵図が語る古代・中世
77 対馬と海峡の中世史
78 中世の書物と学問
79 史料としての猫絵
80 寺社と芸能の中世
81 一揆の世界と法
82 戦国時代の天皇
83 日本史のなかの戦国時代
84 兵と農の分離
85 江戸時代のお触れ
86 江戸時代の神社
87 大名屋敷と江戸遺跡
88 近世商人と市場
89 近世鉱山をささえた人びと
90 「資源繁殖の時代」と日本の漁業
91 江戸の浄瑠璃文化
92 江戸時代の老いと看取り
93 近世の淀川治水
94 日本民俗学の開拓者たち
95 軍用地と都市・民衆
96 感染症の近代史
97 陵墓と文化財の近代
98 徳富蘇峰と大日本言論報国会
99 労働力動員と強制連行
100 科学技術政策
101 占領・復興期の日米関係